ぼくとクマと自閉症の仲間たち

トーマス・A・マッキーン 著
ニキ・リンコ 訳

SOON WILL COME THE LIGHT
BY THOMAS A. MCKEAN
TRANSLATION BY NIKI LINGKO

花風社

謝　辞

この本は、何人もの人との出会いがなければ生まれなかった。だから、次のみなさんにお礼を言いたいと思う。

両親に。二人はずっと休むことなく、経済的に支えてくれた。

ウェイン・ギルピンに。この本を出版したいと、突然、異例の申し出をしてくれたから。

アレックス・ギルピンに。お父さんにほほえみをもたらす人だから。

メラニーに。ジャクジー風呂でのあの魔法のような夜の思い出は、ぼくの宝物になっている。

シャロン、マンディー、ローラに。ぼくがのちにメラニーに出会ったとき、ちゃんとおつき合いができたのは、君たちにいろいろ教えてもらったおかげだから。

スコット・ドナルドスンに。ぼくが自分の人生について愚痴るのを、
身を入れて聞いてくれたことに。

わが友、スザンヌに。今はどこにいようとも。

リック・ショーステックに。契約のことでお世話になったから。

ジャン・シーラックに。思いやりに満ちた声と、美しい心に。ぼくにベラルーシの人々の世界を垣間見せてくれたのも彼女だった。

マイラ・ローゼンバーグに。この本の下敷きとなった「マイラ三部作」を書くきっかけを与えてくれたから。

ニーサ・ルフェーブルに。ぼくの友だちでいてくれるから。

ヴェロニカ・ズィスクに。世の中のむつかしいしくみを、むつかしいことばなど一つも使わずに説明してしまう、恐るべき才能に。

ビル・クリストファーとバーバラ・クリストファーに。二人の友情と、度量の大きさに。あれほど心の広いムルケイ神父といえども、ウイリアム・クリストファーにはかなわないことがわかった。

テンプル・グランディンに。自閉症の人々には、彼女のたゆまぬ献身と、勇気と、知性と、才能のおかげで人生に影響を受け、実際に生活も改善されたという人が多い。ぼくもその一人だ。

テンプル・グランディン、ショーン・バロンとジュディ・バロン、ドナ・ウィリアムズ、アナベル・スティーリ、チャーリー・ハート、そして、マイラ・ローゼンバーグに。本ってどうやって書くものなのか、教えてくれたから。

マイケル・ジェブとグウェンドリン・ジェブに。ぼくを信じてくれたから。

アメリカ自閉症協会のおおぜいの会員たちに。初めてぼくの肩を抱いてくれ、ぼくの心にわが家とよべる場所を与えてくれたのは、みなさんだった。それはぼくにとって、何年となく待ちつづけた瞬間だった。

ぼくとクマと自閉症の仲間たち

ぼくとクマと
自閉症の仲間たち
CONTENTS

PART 2
ぼくと友だち

PART 3
仲間たちのために言っておきたいこと

PART 4
ぼくの中の詩人

じきに明るくなるんだから

日が沈み、きみはベッドへもぐりこむ
孤独をかみしめて。
昼間は仲間と夢を語りもした。
自分一人の夢より大きい夢を。
だがもう夜も遅いし、眠らなければ。
空には星がまたたきはじめる。
暗くなるときまって　怖くなり
目に涙がたまってくる。

きみはクマを引きよせて　きつく抱きしめる、
クマも　きみをなだめようとする。
物音ひとつ立てないクマなのに、
きみには聞こえる　クマの甘くやさしい声が。

心に秘めたこの虚しさ、怖さを
だれかに打ち明けたくて。
そんなとき　闇の中から声がする
だれもいないことは　わかっているのに。

だいじょうぶだよ、きみは愛されてるんだ、
それさえ知ってれば　あとは問題ないさ。
暗いからって　怖がることはない、
じきにまた明るくなるんだから。
星々は輝いているし、暖かい夜だし、
きみもそのうち元気になれる。
さあ　横になって、目をつぶりなさい、わが子よ、
今夜は　安心してやすみなさい。

なぜだか知らないが　きみにはわかる
彼はそこにいてくれるし、自分もだいじょうぶなのだと。
彼の愛が　闇を貫いて輝くから

部屋もすっかり　照らされて。
夜はゆっくりと　流れていき
きみは　何も見えなくなっていく。
こうして目を閉じたとき、
彼のことばが聞こえる。

彼は言う、「おいで、私の手をとりなさい。
別の国へつれて行ってあげるから。
暗いからって　怖がることはない、
じきにまた明るくなるんだから。
星々は輝いているし、暖かい夜だし、
きみがそのうち元気になることも　ぼくは知ってる。
さあ　横になって、目をつぶりなさい、わが子よ、
今夜は　安心してやすみなさい。

力を抜いて、すてきなものたちの夢を見なさい、
今夜は　安心してやすみなさい」と。

最初に

これまでのいきさつを思うと、今でもなんだか怖いような気分が消えない。ある晩のぼくは、アメリカって国のどこにでもいるような自閉症の人でしかなかった。生活保護で食べていて、近いうちに何とかなりそうなあてもない。趣味でいろんなことに手をつけては、一人で自己満足にひたるだけでがまんするしかない。仕事もなければ、将来に希望もない。現実だっていまひとつわかっちゃいない。伴侶となる女性もいないし、ほしいという気もない。外づらはいかにもお気楽そうにとりつくろっていた。でも中身は死につつあった。こんなものじゃ足りない。世界に貢献したい。世の中のプラスになるような足あとを残したい。役にたちたい。なのにできない。そう思うと、底なしにみじめな気分だった。ほかの人がいる場所ではにこにこしていたが、一人になると、クマをきつく抱きしめて、暗闇の中で泣くのだった。身近で友だちとよべるのは、クマくらいなものだった。

それが次の晩。ぼくはまばたきをした。目をあけても、何も変わってはいなかった。いや、ちょっと見ただけでわかるような変化は起きていなかった。目を閉じたときのぼくは、ただの人だった。目をあけてみたら、希望の星だとかいって外国にまで知られるようになっていた。

わが家の郵便受けには、国じゅうのあちこちから、手紙がどっさり来るようになった。「いてくれて、ありがとう」と書いてあった。「あなたのおかげでどれほど助かったか、おわかりにならないでしょうね」と書いてあった。質問もあった。それも、やすやすと答えられるようなわかりきった質問だ。へえ、これしきのことがわからないのかと思うと、何だかおもしろいと思った(実は今でも興味しんしんなのだ)。

手紙にまじって、飛行機の切符も送られてくるようになった。何度も何度も、ぼくはスーツケースに荷物を詰め、クマとパソコンを押しこんで、人前で話をしに行くことになった。行けば、会う人会う人、またたく間に友だちになってくれるのだ。そしたらだれかが小切手をくれて、ぼくはにこにこ顔になる。こっちはずっと楽しんでいただけなのに、そんなことでお金をくれるんだから。

年に四回、ぼくはアメリカ自閉症協会の全国委員会に出席する。ぼくが何か意見を言うと、反対されることもある。でも、これにはもう慣れた。自閉症ってどんなことなのかをじかに知っているのは、この部屋じゅうでぼくしかいない。そう思って納得することを覚えたのだ。ぼく一人をべつにすれば、みんなは、はたから観察した経験しかないのだから。話せばわかる人もいる。

わからない人もいる。わかろうとしてせっかくがんばってくれたけどわからない人もいれば、最初から努力する気のない人もいる。委員会で席につくと、自分は力を握っているんだなって気持ちになる。そしてそれ以上に、ひしひしと責任を感じてしまう。身が引きしまるくらいならいいけど、圧倒されてしまうときもある。ぼくの代わりに、本当は自分がその席に座りたかったのにと言われることも多い。中には、(これは一度も会ったことのない相手だったのだが) お前なんか殺してやるからな、友だちも次々に殺してやるぞと脅迫してきた人さえいた。結局この人はＦＢＩに逮捕されたのだが、おかげでぼくは、そうか、ぼくのついている役職ってそんなに名誉なものだったのかと思い知ることになった。

思い知ったのはそれだけじゃない。一度何かの仕事をしたら、どんなに昔のことでも、絶対に忘れてはもらえないんだってことも知った。

たとえば、ぼくは以前、聴覚訓練を受け、その体験レポートを発表したことがある。障害のある本人が自分の体験を全国規模の出版物に発表したのは、唯一の例外を除けば (しかも、その例外ってのはなにかと異論の多いレポートだった)、ぼくが最初だった (これは第三部に載せてある)。それから一年以上たつというのに、相変わらず、そのことで手紙がくる。

それに、電話の改造も、手首の圧迫装置も、ぼくとしては終わったことのつもりだったのに、いまだにしょっちゅう話題にのぼる。トロントの大会で歌った歌のことも同じ。ほかにもいろいろある。

最初、この本を書き始めたばかりのころは、『マイラ三部作』（マイラ・ローゼンバーグあてに出した手紙を集めたもの）にほんの少し手を入れることから始めた。ところが、それをやっているうちに、ここで書いてることはほとんどが推測じゃないかと気がついた。たしかに、推測といっても、結果的には当たっているものが多い。でも、当たっているからといって、推測であることに変わりはない。ぼくの方も、この手紙を書いた当時にくらべれば進歩してるし、知識だってふえた。せっかく増えた知識を盛り込まないなんて、許されないぞという気がしてきた。

書き直しているうちに、ぼくはひしひしと意識するようになった。『マイラ三部作』とはちがって、これは本になるんだ。本になれば、あれこれ論評されることもあるだろう。できれば、全員に気に入られたい。そんなのむりだと頭ではわかってる。でもやはり気に入られたくて、気を使ってしまった。これでは、ストレスはひどくなる一方なのに、原稿はちっとも仕上がらない。締め切りは近づいてくる。これではだめだ。方針を変えなくちゃ。そう思ったぼくは、何人かの人に電話して、相談してみた。そして結局、こんな結論を出した。この本を少しでも出版に値するものにしたいなら、自分で「これが本当だ」と確信していることしか載せないのが一番だろう。

自分でこうだと**思っている**こと。こうにちがいないと**信じている**こと。こうであると**わかって**

いること。そして、自分でも、こうだと言い張る用意があること。この先に載ってるのはそれだけだ。それ以外は何もない。脚色もしてない。ぼくの人生に脚色なんて必要ない。ぼくのやることは、どうせいつまでたっても忘れてはもらえないんだ。なら、これを真実として記憶にとどめてもらおうじゃないか。

「つらい目にあっても、それを逆手にとってがんばれ」ということばはよく耳にする。みんなも、いやというほど言われてきたことだろう。でもぼくには、そんなのとてもむりだって気がした。だからぼくは、一度も会ったことのない人に電話をかけた。そしたら、ドミノ倒しのように次々といろんなことが起きて、ぼくの人生は永久に変わってしまった。

マイラに電話したときのぼくには、まだ現実がよく見えていなかった。ここで電話をした結果、今みたいなことになると知っていたなら、絶対に電話なんかしなかっただろう。きっとおじけづいていたにちがいない。

いや、ことによると、ドミノ倒しが始まったのは、もっと前だったのかもしれない。これもよく言われることばだが、「物ごとは、思いもよらないときにかぎって起きる」という。たしかに、まったく思いもよらないときに、ぼくは結婚を考えるような女性に出会った。そして、やはり思いもよらないときに、その女性を失った。でも、彼女を失っていなかったら、ぼくはトーマスを探す旅に出てはいなかっただろう。だからその後のことも、何ひとつ起こりはしなかっただろう。

わかってる。ぼくなんて、おおぜいいる人間の一人でしかない。この本だって、数ある自伝の中の一冊にすぎない。でも、すべては目の前の小さな一歩から始まるのだ。戦争、飢え、凶作や病気。人類が経験しているどんな問題であれ、解決への鍵がもしあるとしたら、それは、みなさんがたった今やろうとしていることの中にある。すべては、ぼくたち一人一人が、自分以外のだれかを理解しようと努力することから始まる。そしてそれには、一度に一人ずつ、学んでいくしかないのだ。

トーマス・マッキーン

子どものいるみなさんへ。お子さんを育てるときには、用心したほうがいいよ。将来、お子さんの一人が自伝を書くことにならないって保証はない。万一そんなことになったら、何を書かれるかわかったものじゃないからね！

PART I

ぼくと自閉症

1　困った子は閉じこめろ

それは暖かい夏の日のことだった。場所はオハイオ州の中央部。友だちが何人も裏庭に集まって、遊びながらお祝いの始まるのを待っていた。母は台所でブラウニーを焼いていた。ぼくも母といっしょに、台所にいた。

母がオーブンからブラウニーを取り出した。ぼくらはそろって庭へむかった。みんなは期待のまなざしでピクニックテーブルのまわりに集まってくる。ぼくも腰を下ろした。とそのとき、何か恐怖のようなものを感じた。それまで一度も味わったことのない恐怖だった。

この日はぼくの五歳の誕生日パーティーだった。そして、何かがおかしい、どうしようもなくおかしいらしいと初めて感づいたのも、この日だった。

それからの数年間、ぼくは周囲にほかの人がいると恐怖を感じるようになった。それも、人数が多ければ多いほど、恐怖も増すのだった。

うちは四人きょうだいで、ぼくは三番め。経済的には恵まれた家だった。父は大手の保険会社で三〇年にわたって契約書を書きつづけたのち、退職して骨董品店を開いた。母は英語学を専攻してから、幼児教育の分野で修士号を取得した。このことを思うと、何だかわけがわからない気持ちになってしまう。幼児教育を学んで修士号までとったような人なら、自閉症のことをわかってくれていてもいいはずではないか。自閉症である以上、ごく幼いうちからそれらしい特徴が出ていたはずだ。たいていの場合、一歳半までには特徴があらわれるという。母がこの子は自閉症かもしれないと疑いをもったのは、ぼくが二歳になる（一九六七年）前のことだった。ただし、公平を期すためにつけ加えておくと、どこの医者に連れて行っても、そのとおりですと言ってくれる先生もいなければ、そうかもしれませんねと言ってくれる人さえいなかったらしい。そんな事情はあったにせよ、子どものとき、ちっとも精神的に応援してもらえなかったのはなぜなのか、やはり納得がいかない。

そう、なぜだかだれも味方になってはくれなかった。いや、もしかしたら本当は支えてくれてる人がいたのかもしれないが、少なくともぼくは覚えていない。ぼくはあれをした、これをしたといっては（あるいは、あれをしなかったといっては）しょっちゅうどなられたり、お仕置きされたりしていた。何が起きようと、すべてはぼくのせいだった。ほかの人や物のせいにされることなんかなかった。でも、ここ最近の猛勉強で知ったことだが、当時のぼくの行動は、まさに、自閉症の幼児なら当然やるはずのことそっくりそのままだった。つまり、両親の毎日をこの世の地獄にしたってわけだ（ついでにつけ加えておくけど、腕前の方もなかなかのものだった）。今になって思えば、ぼくは本来やるべき仕事をこなしていたにすぎない。いや、ぼくはとりわけ仕事熱心な方で、与えられた義務を果たすだけでは飽き足りないくらいだった。それなのに、どうしてみんな気づかなかったんだろう？　もしかして、仕事の腕が良すぎたんだろうか？

みなさんも想像がついてるかもしれないが、学校はまさに悪夢だった。今も住んでいるコロンバス市の、ヴァリー・フォージ小学校に入った。ここには三年生までいた。三年生といえば、何もかもがうまくいかなくなりだしたのも、この年だった。

どういうわけか、コロンバスの当局のみなさんは、ぼくをＬＤ（学習障害）児クラスに入れるべきだとの決定を下したらしい。これがひどくまずいことになってしまった。なぜかというと、ぼくは半年とか一年とかで別の学校に移らなくてはならなかったからだ。こんなにしょっちゅう学校を変わるなんてとても恐ろしいことだし、どんな子どもだろうとそんな目にあわせるべきじゃないと思う。まして自閉症の子ならなおさらだろう。もしも自閉症が遺伝するのなら、そして、ぼくにもいつか自閉症の子どもが生まれることになるのなら、自分の子にはあんな思いはさせないつもりだ。ぼくは両親とかいろんな人から、しょっちゅう、なぜ友だちがひとりもいないのかってきかれたものだ。でも、一か所にじっとしていなかったから、友だちのできるひまがなかったっていうのも理由の一つなんじゃないだろうか。

ここのLD児クラスで、ぼくは人間というものについて、実に貴重な教訓を学ぶことになった。人間たちは、自分たちの理解できないものを見ると、どうしてもけなさずにはがまんできない生き物だってことだ。ありがたいことに、ごくわずかとはいえ、自分は自閉症ではないのに自閉症のことを理解してくれる人もいた。

右の耳に人工鼓膜を入れてもらったのもこのころだった。本来の予定では三日間の入院と言われていたのに、一週間入院することになった。バランスがとれなくて、歩けなかったせいだ。退院が決まったときは、車椅子が手配できなくて、小さな赤い台車で車まで運んでもらった。

六年生になり、ぼくはふりだしに戻った。最初と同じ、ヴァリー・フォージに戻ってきたのだ。文章を書きはじめたのは、ここにいたときだった。書いたといってもほんの少しだけど。ぼくの書いたものはあまり評判がよくなかった。その後だんだんわかってきたことだが、中には生まれつきの才能で書ける人もいるにしても、普通はほかの能力と同じで、練習しないとうまくならないんだと思う。ぼくは今、休まず書くようになって一一年。勝手がわかってきたような気がする。

兄の一人が家を出たのもヴァリー・フォージ時代のことだから、一九七八年／一九七九年だった。それ以来、だれも兄には会っていない。

七年生を境に、ぼくの学歴は長らく中断することになる。このときの学校は結局、卒業していない。ぼくの半生といえば、思い出せるかぎりずっと昔から、病院めぐりの連続だった。どこの医者もきまって不思議そうに首をふり、どこが悪いのかわからないと言うのだった。「もうしわけありませんがマッキーンさん。何かがおかしいことはまちがいないんですが、それが何なのかがわからないんです」ようやく診断がついたのは、一四歳のときだった。ずいぶん待ったものだ。

このときは、解決法は単純なものだった。「精神科の施設に三週間入院すること」。これは半分だけ正しかった。というのはつまり、入院は三年になったから。ある日のこと、わが家のリビングで、母がぼくを膝に乗せてくれた（母の膝に座らせてもらったのは、このときが最後で、今後もうないと思う。このときのことはずっと忘れないだろう）。ぼくは一二か一三だった。母は、ぼくはしばらく「よそへ行く」ことになる、期末試験を受けなくてすむんだからすてきでしょうと言った。

すごい話じゃないか！　断れると思うかい？　期末試験をサボれるなんて、中学生にとっては夢みたいな話じゃないか。

ところで、ぼくはそれまで何年も、自分はどこかがどうしようもなくおかしいんだと思い知らされていた。ほかの子どもたちとのつき合いのうまくいかないことといったら、気づかない方がおかしいくらいだった。だから、その「どこか」ってのが何なのか知りたくて、ぼくは答えを探しはじめていた。でも、君は自閉症なんだよって教えてくれる親切な人はいなかったから、答えを見つけることはできなかった。

入院したのは一九八〇年の六月三日。あと一五日で一五歳の誕生日だった。その年は、祖父が誕生日プレゼントにチェスのセットを買ってくれた。悲しいことに、祖父はその後まもなく亡くなった。人を尊敬するなんてことのめったにないぼくだが、祖父はそんなぼくが尊敬する数少ない人のひとりだった（長老派教会の牧師を務めあげ、引退していた）。今でも覚えているけど、真夜中、祖父にむかって語りかけたことがある。もしかして祖父の耳に届いたらいいのになと思ってのことだった。祖父にもらったチェスのセットは、今でも大切な宝物のひとつだ。

入院時代の記憶で一番古いのは、クマを小脇にかかえてわが家の玄関を出るときに、考えごとをしてたってこと。あれは朝の一〇時ごろだった。両親はもう外に出ていて、車の方へ歩いていた。ポーチに出たときに考えていたのは、ホビットたちのことだった。ビルボの言うとおりだなとぼくは思った。「最大の冒険とは、これから起きること」って、まったくそのとおりじゃないかと思ったのだ。

病院への入り口は一つしかなくて、そこへ行くには橋を渡らなくてはならない。あの橋を初めて渡ったとき、もしかしたら、こんなところに橋を作ったのは、何かの象徴のためだろうかなんて考えたものだ。そして、ぼくについていえば、この手はたしかに効いた。橋を渡ったことで、自分はもしかして「ファンタジーの国」への境界を越えたのかなという気がしたから。この「ファンタジーの国」という用語はあとで何度も出てくることになる。人間に行ける範囲で、異次元に限りなく近い場所のことを指すことばだ。

最初に立ち寄ったのは事務棟だった。覚えていることといえば、だれだかスーツを着たやつが両親に一時間もしゃべっていて退屈したことと、両親は基本的にぼくがいかに悪い子かって話しかしないので不安になったことだけ。

次に行ったのは青年前期病棟。その後の二年を送ることになる病棟だ。地下の部屋で、またしても話し合い。それからお医者さんに診察された。先生の第一印象はあまり大したことはなかった。だからぼくはそれからも、この先生に本気で心を許すことはなかった。

終わると、ぼくらはこの先生について（あるいは別の人だったかも）廊下を進んでいった。その人がドアを開けてくれると、階段があった。ぼくらは階段を上がり、ぼくは新しいわが家へと足を踏み入れたってわけだ。

最初に目に入ったのは、大きな部屋がひとつ。奥には小さなキッチンがついていた。床はタイル張りで、テーブルがたくさんあった。まわりに椅子がくっついた形になってるテーブルで、椅子は、座ると太ももに痕がついてワッフルみたいになるやつだ。広い部屋に子どもはひとりしかいなかった。男の子で、模型の船を作ってた。あとになって知ったが、名前はスコット。最後まであまり仲良くはならなかった。実際、何年もたってからピザハットでばったり再会したとき、彼は電話番号をくれたけど、それでも電話しなかったくらいだ。

さらに歩いていくと、けっこう広い娯楽室があった。りっぱなビリヤード台がひとつと、ステレオ、それにくつろげそうな椅子やソファーがたくさんあった。壁はどこもオフホワイトだったが、じゅうたんが緑色なのでまだ救われていた。ちょっと芝生みたいな感じの緑だったから。娯楽室の脇には、窓の多い小さな部屋があった。あとでわかったことだが、これは喫煙室で、ぼくは一度も入ったことはない。

食堂の右側、左側、正面奥の三方は、それぞれ別の三つのエリアへと続いていた。あとで知ったことだが、それぞれのエリアは「ポッド（豆などのさや）」とよばれていた。三つのポッドにはおのおののシンボルカラーが決めてあった。左側のポッドは黄色、正面奥のは赤、右側のは青。ポッドの内部はさらに細かく仕切られて寝室になっていた。寝室はひとつのポッドにつき五部屋ずつ。ふたり部屋が三つと、ひとり部屋が二つ。黄色のポッドは女子だけ、青のポッドは男子だけ、そして赤のポッドはみんなの憧れの的で、男女混合のエリアになっていた。ありがたいことに、ぼくはほとんどの期間を赤のポッドですごすことになった。

それぞれのポッドには、バスルームがふたつずつあった。バスルームにはシャワーがひとつと流し台がひとつ、それからトイレがひとつ。トイレは普通にちゃんと仕切ってあった。患者たちの中には、スタッフの付き添いなしではバスルームに行かせてもらえない者もいた（いや、ありがたいことに、ぼくはそうじゃなかった）。まあとにかく、トイレに入れば、少しはひとりになる空間が持てるというわけだった。

男女混合のポッドにはいろいろいい点がたくさんあった。男女が同室になることは決してなかったが、夜中にこっそり互いの部屋へ遊びに行くのは簡単だった。ほかのみんながそうやって遊びに行って何をしていたのかは、本人たちにきかなきゃわからない。ぼくはたいてい、だれかしらぎゅっと抱きしめて《ハグして》くれる人をさがしてたにすぎない。ハグしてくれる人はいつでも見つかったから、ぼくは満足して部屋に戻り、ベッドに入るのだった。

混合のポッドだと、患者どうしで手紙のやりとりをするにも都合が良かった。この病院で効果のある治療法なんてめったになかったが、手紙を回すってやつは、その数少ない「効く治療法」のひとつだった。職員たちは、ぼくらがちょっとした励ましのことばを書いてはやりとりするのが気に入らないらしく、見つからずに渡す方法を工夫しなくてはならなかった。方法のひとつは、女子用のバスルームにこっそり忍び込んで置いてくることだった。職員専用のバスルームがあったから、職員が患者用のバスルームに入ってくることは、あったとしてもめったになかった。この方法はたいていうまくいった。手紙を見つけた人はだれだろうと必ず、受取人に渡してくれた。ただ、たまに、途中でだれか女の子が入ってきてしまうことはあった。でもそんなこと、本当のところは大した問題じゃなかった。

みなさんも、もし何らかの事情でどこかの施設に入れられるようなことになったなら、きっと気がつくんじゃないだろうか。施設って所では、ときとして、つつしみなんてものは忘れた方がいいこともある。最初はわからなくても、いずれはそう思い至り、抵抗はやめて身を任せることになるだろう。この世界では、ぼくらのなれ親しんでるこの世界とは法則がちがってる。そのひとつが、「ユニセックス」って概念だ。ぼくらはみな同じ。ときには逆もある。女の子が男子部屋に座ってたり、男の子が女子部屋に入っていったり。

ただ、皮肉なことに、これができるのは、（どちらかといえば）状態の良い患者だけなんだが。もう少し「遠くにいる」患者たちは、単性のポッドに閉じ込められるという拷問に耐えなくてはならない。ぼく自身も入院している間に何度か男子専用ポッドですごしたことがある。合計して六か月くらいだろうか。男女混合ポッドに帰されるときはいつも嬉しかったものだ。男女混合ポッドでは、みんな愛しあってる、家族なんだっていう雰囲気が漂っていて、この雰囲気は、ほかの二つのポッドにはないものだった。

黄色の（女子専用の）ポッドの奥、ポッドと喫煙室の間に、あと三つのエリアがあった。ひとつはＴＶ室。だれかと口げんかを楽しみたくてたまらない気分のときに行くといい場所だ。いつでも、だれかしら必ず、別の番組を見たい人が現われるんだから。それか、たまたま全員がご機嫌なときは、ソファーに腰を下ろしてテレビを見ながら、隣に座ってる可愛い子を抱き寄せることもできる。少なくとも、職員に見つかるまでは。

ＴＶ室の向こうは、「薬品庫」だった。毎日のソラジンやらビタミンやらはここで受けとる。ぼくは毎日ビタミン剤を一錠と、栄養ドリンクを二缶飲むように言われてた。ほしくないんですがと言ったことが二回ほどあったが、飲まないなら独居拘禁にして、縛りつけて、強制栄養補給するぞと脅されたものだ。

薬品庫の横は、独居拘禁エリアで、「特別ケア」とよばれる部屋がふたつあった。でもぼくには、この名前が本当に内容を正しく表しているかどうかよくわからない。ぼくの観察したところによれば、患者がここに入れられるのは、必ず、ふだん以上に愛情を支援が必要なときばかりと決まっていた。ひとりで閉じこめられていたんじゃ、愛情も支援も手に入りにくくなる。できることといえば、ただ脚を組んで座って、手首から血が流れるのを見つめることくらい。ぼくは医者じゃないからわからないけど、こんなやりかたに治療的価値があるなんてぼくには思えない。

ここでは服もすごくちがってた。自殺のおそれのある患者もいたから、服で首を吊られることがないよう、気を使ってあったのだ（たぶん、正当な心配だと思う）。そんなわけで、首吊りに使えないよう、特別なデザインの服が採用されていた。この服はたしかに本来の目的には合致しているものの、ファッションセンスの面ではお世辞にもオシャレとはよべなかった。

この部屋では、人間としての基本的な要求さえも、無視されたり、搾取されたりすることがあった。ここに入れられた患者は、一五分おきに職員に監視されることになる。ほかのだれかと接触することはまったく許されない。ここでわかっておいてもらわないと困るんだが、この部屋はまさに、「たんなる部屋」なのだ。つまり、床があり、天井があり、四方に壁がある。小さなマットレスがあるけど（これも特別に設計されたもので、ひどく寝心地が悪い）、それだけ。天井のすぐそばに、本当に、本当に小さい窓がひとつ。この窓の下にはバスルームへ通じるドアがあるが、ふだんは鍵をかけておく決まりだった。ただ、このドアのいいところは、バランスに気をつけさえすれば、ドアノブに足をかけて立ち上がり、窓から外が見られること。でも、こうしてよじ登るのは、できるかぎり難しくしてあるらしかった。

職員の点検は、たいてい、ドアについてる小さな覗き窓からちょっと覗いて、行ってしまうだけだった。でもときどき、一時間に一回くらいは中まで入ってきて、トイレに行きたくないかきいてくれるのだった。みんなたいてい、相当せっぱ詰まった状態になっていてもなお、「いえ」と答えるのが常だった。トイレに関してはもう一つ決まりがあって、トイレに行くときは職員がついて入ることになっていた。規則によると、付き添う職員は患者と同性と決められていた（はずだ）が、ときにはこれが守られないこともあった。そして、患者側は、あきらめてがまんするしかしかたのないときもあった。

めったにないことだが、ほんの少しとはいえ、本気で患者を気づかってくれる職員が担当になることもあった。そんなときは、絶対にチャンスをのがすわけにはいかない。こういう職員は、規則を破ってでも、患者をまるで本物の人間みたいに扱ってくれる。ただ単にそこに座って話しかけてくれる（そして抱きしめてくれる、泣かせてくれる）だけじゃない。トイレの鍵を開けて、ひとりで入らせてくれて、好きなだけ中でゆっくりさせてくれるのだ。このバスルームにはシャワーも特別なのがついているのだが、シャワーのときも同様だった。特製のシャワーって、見かけは変てこだが、まるきり「安全」にできている。これを読んでいるみなさんは、バスルームのドアを閉めるかどうかなんて大したことじゃないと思うかもしれない。でも、独居部屋ではそんなことさえ必ずしも保証されるとはかぎらない。それどころか、たまにこういう自由が手に入ったなら、自分はツイてると思うことになるんだ。

ぼく自身は、ここには一回だけ入ったことがある。でも、入ったといってもたった六時間だから、大したことはなかった。中には何日も、何週間も、ひどい人になると何か月もさっき言ったみたいな状態ですごしてる人もいた（余談だけど、ぼくの見たところでは、ここですごすのは、男子よりも女子の方が多かった）。

さて、最後に、キッチンの反対側には、職員のオフィスがあった。職員たちは基本的に、ほかの場所での用事が何もないときにはここで仕事をすることになっている。ぼくらの記録とか、カルテとかがしまってあるのもここで、患者は何があろうとも決して、ここに立ち入ってはならないとされていた。

オフィスの入り口にあたるところにカウンターがあって、病棟の事務員が詰めていた。彼女は電話番をしたり、ぼくらに届いた手紙を渡してくれたりした。たまに、職員が先に手紙をチェックすることもあったが、ありがたいことに、それはたまにしかないようだった。

このカウンターに一日じゅう座ってたのは、みんな、かなりの人材ばかりだった。病院側も、適任者を見つけるため、相当念入りに選んでくれていたとしか考えられない。病院側は知ってたんだと思う。患者は、ふつうの職員には言いたくないようなことも、受付の事務員には正直にしゃべるものなんだ。ただ悲しいことに、事務員にできることといったら、ただ、耳をかたむけてくれることくらい。でも、ぼくがいた間にこのカウンターに座った二人は、二人とも、ただ者とは思えない聞き上手だった。この二人は一度ならず、ぼくが完全に狂気に陥ってしまうのをくいとめてくれたと思う。

ぼくは角を曲がって、カウンターを通りすぎ、青（男子専用）のポッドへと案内された。たしか、一一号室だったと思う（部屋番号は一から一五までだった）。看護師がひとり、紙ばさみを持って入ってきて、何時間かかけて、ぼくにいろいろ質問をして（ぼくはほとんど正直に答えなかった）、採血をしていった。ひどくいやな気分だった。しばらくしてからぼくは、結局はここに腰を落ちつけて、慣れるよりしかたがないんだろうなと納得した。このときの看護師とは、あとになってからいい友だちになった。

ここに来てまっ先に学ぶことになったが、自由ってのは変数のひとつなのだ。人間とはとかく自然界の法則をねじ曲げてしまうもので、自由も全か無かで割り切れると思ってる。自分は自由か、そうでないか、二つにひとつだと考えてしまう。でもここではちがった。この場所では、こみいった決まりごとによって、おのおのの患者にどんな自由が与えられるかが細かく定められているのだ。

患者の認められる自由度は、いくつかのレベルに分けられていた。実際、ここで単に「レベル」といえば、この自由度のレベルのことを意味する。まず、最低のレベルが「通常」とよばれるやつ。名前は「通常」でも、まったく通常なんてものじゃない。実質的には囚人なみの扱いだと思ってもらえばいい。施設内で行なわれる「治療のための活動」には参加を許されるけど、それだけ。それ以外、病棟を離れることはできない。

「通常」の次が「A・A・C」という。「アカンパニード・アクティビティーズ・イン・ザ・コミュニティー（引率つきなら地域社会での活動に参加可）」の頭文字だ。この身分になると、ときどき、外で何かあるときには敷地の外に出ることができる。ぼくの場合、これはあんまり好みじゃなかった。なぜって、週末になると、朝の早くからだれかがいきなり起こしに来て、コロンバスの市民公園へハイキングに連れていかれるのだから。こっちにしてみたら、ハイキングなんかより寝ていたかったのに。つまり、行きたい者は行く選択肢を与えられるのかと思ったら、そうじゃない。行くことを強制されるにすぎない。

ときにはハイキングではなく、映画に連れていかれることもあった。これはいつもすてきだった。ときには、地元のショッピングセンターを歩けることもあった。こっちはすてきとはいえなかった。品物をながめることはできるが、軍資金に限りがあるので、基本的に何一つ買うことはできないのだから。午前中はベッドでごろごろしていたいと思っても、それは許されない。一度など、ぼくが起きないでいたら、入ってきた職員にベッドをひっくり返され、転げ落ちたこともある。

「A・A・C」の次が「U・A」で、「アナカンパニード・アクティビティーズ（引率なしでの活動）」を意味する。このレベルからは、ようやく少しばかりの自由が認められる。ここでいう「活動」ってのは、敷地内で行なわれる活動のこと。たいていは、怒りのエネルギーを発散するための活動で、こんな所へ入れられてしまったこととか、そのほか何でも腹の立つこと、いらいらすることがあれば、ここで憂さ晴らししなさいということらしい。

この特権を悪用するのは実に簡単だが、実際にやる者はめったにいなかった。脱走を試みるのはたいがい、それ以前の二つのレベルの人ばかりと決まっていた。彼らが脱走のためにこらす創意工夫ときたら、尊敬に値する。だって、全部とはいかないにしても、ほとんどは成功するんだから。唯一の問題は、せっかく脱走しても、すぐに腹が減るってこと。腹が減ったら、次はどうなると思う?

上から二番目の特権が「構内」。これだと、天気のいい日には、同じポッドの可愛い子といっしょに敷地内を散歩することができる。出たいと言いさえすれば、すぐに扉を開けてもらえた。この特権はしじゅう悪用されていた。病院の敷地の境界には峡谷があった。「峡谷」と「施設に入れられてるティーンエイジャー」ってのは、あまり好ましい取り合わせとはいいがたい。……といえば、何の話かわかってもらえると思う。

そして最高の特権が「街」。(お粗末なものとはいえ)究極の自由だ。いつでも好きなときに病院の外へ行ける。ただし、条件がある。つまり、出るのは自由。ただし、暗くならないうちに帰って来なくてはならないというわけ。ぼくの場合、このレベルまで進んだことはあるが、実際に利用したことは一度もない。病院を出なくてはならない用事などひとつもなかったからだ。この病院はいわば、正気を失った人々のための街みたいなものだった。必要なものは何だってそろっている。治療は受けられる、店はある、食べ物も薬も出る、何もかもある。ぼくらはぼくらだけで自己完結した世界で、外とは関係がなかった。近所の人たちも、このことを歓迎していた。ぼくたちとかかわり合わずにすむわけだから。

さて、それでは、そのときそのとき、このうちのどれを適用されるかは、どうやって決まるのかって？　毎週火曜日に開かれる「チーム・ミーティング」で話し合われることになる。どの先生が君の担当医になるのかは入院のときに決まるのだが、それぞれの医師は自分の「チーム」を率いている。「チーム」は看護師と医療助手がそれぞれ数人と、教師が一人。リーダーにあたる医師の担当する患者に対しては、ほかの職員たちよりも力を入れてケアをしてくれる。どのチームが君の担当になるかは、主として、入院のタイミングで決まるらしい。入院したその日に、たまたま人数的に余裕のあったチームが担当になるというわけだ。

そんなわけで、火曜日になると、それぞれの医師の担当する患者たちが一堂に集められ、主治医の率いる職員のチームと顔を合わせることになる（ぼくのグループは、TV室で集まるのが常だった）。そして、ぼくらは一人ずつ順番に、みんなの前で話題にされる。順番が来ると、ほかの患者たちがいっせいに、それまでの一週間の行動を引き合いにだして、こいつはステップアップに値するとかしないとか職員に報告する。要するに、患者仲間が陪審員となって、裁判にかけられるようなものだ。そして、木曜日になると職員は職員だけで集まり、担当の患者一人ずつについての評価をくだす。そんなわけだから、場合によっては職員のだれかが「この子はよくがんばってたよ」と言ってくれたおかげで、上から二番目のレベルに上がれたりすることもある。

かと思えば、逆のこともある。何か職員の気に入らないことをやれば（ぼくはしょっちゅうやるので有名だった）、彼らが「こいつにはこれくらいがちょうどいい」と考えるレベルにまで落とされてしまうこともある。ある意味で、軍法会議みたいなものだ。

これは書き残しておきたいのだが、毎日の第三シフトにあたった職員は、一時間に一回ずつ患者を点検する決まりになっている。第三シフトっていうのは夜のシフトで、職員がふたりで担当するのがふつうだった。ひとりは女性の看護師。もうひとりは男性の医療助手だった。そして、患者の性別と、どちらの職員が見回りにくるかとの組み合わせによって、その晩の幸福度は多大な影響をこうむると決まっていた。もし君が女の子で、しかも点検に来るのが助手の方だったら、ときとして、少しばかり必要以上に「念入りな」点検をされかねない。たまにしかなかったのがまだ救いだが、決して、なかったわけではない。では反対に、君が男の子で、かつ、点検に回ってるのが看護師の方だったらどうだろう？　考えうる最悪の展開になったとしても、君が両腕を広げると彼女が入ってきて、ぎゅっと抱きしめてくれ、頬に軽くキスをして、耳もとで「おやすみ」とささやいてくれるくらいだ。

また、規則によれば、消燈時間になっていったん部屋に引き上げたが最後、夜中の一二時をすぎるまでは、何があろうとも決して部屋を出ることはできない。一二時をすぎてからも、よほど正当な理由がなくてはならない。この規則のおかげで、ときには不自由な思いをすることもないではなかったが、たいていはだいじょうぶだった。職員たちは、一時間に一回の定期巡回のとき以外は、それぞれ勝手に自分の仕事をしているだけ。だからぼくらの方も、好き勝手にふるまうことができた。だからたいていは、そうしていた。食堂などの共通エリアに出るのはむりだが、同じポッドの中でひそかに互いの部屋を行き来する分には不自由なかった。ときおり職員に見つかってしまうこともあったが、ふつうは見つかりはしなかった。

ぼくらの病棟（お医者さんたちの事務室と地下トンネルでつながっていた）のすぐ隣には、もうひとつ別の病棟があった。こっちは、もっと年上の青年たちの入る所だった。

後になってぼくがこっちに移ってからのことだが、青年期病棟のすぐとなりに院内学校の校舎が新築された。それまでは、古いトレーラーが校舎代わりだった。新校舎のすてきなことといったら！　教室はどれも大きくて、窓がいっぱいついてたから、ぼくに気が乗らなくなったら、外をながめることもできた。もっと後になって、学校にチンチラのつがいがもらわれてきて、職員室で飼うようになった。

院内学校と青年期病棟の間はきれいに舗装されて、バレーボールやバスケットボールなんかのゲームができるようになった。それまで教室に使われてたトレーラーは改装されて、今じゃソーシャルワーカーの詰所になっている。

構内にはほかにもいろいろな建物があった。その一つがキャンパス・センターといって、補助的なセラピーはみんなここでやることになってた。売店があったのもここ。患者はみんな、週に六ドルずつのこづかいを渡されて、この売店で使えるようになっている。ここはいわゆる「なんでも屋」ってやつで、生活必需品から文房具、ちょっとしたお菓子、それに啓発に役だつ本なんかも置いてあった。ずっと後になって、ぬいぐるみも扱うようになったが、ぬいぐるみの品ぞろえはなかなかのものだった。

この店では患者相手ってことで、値段はみな卸し値にしてあった。それなのに、たまたまいい人にあたると、さらに負けてもらえることさえあった。物によっては、オハイオ中で一番安く買える。だからぼくは退院してからも何度か、そういう物が必要になると、買物のためにわざわざ出かけたことがあるくらいだ。

売店の向かいには聖堂があった。小さくて、結婚式を挙げるのは無理だろう。でもぼくの知るかぎり、どっちみちここで式を挙げたいと言い出した人はいないから、狭くても問題はない。小さい聖堂だが、りっぱなオルガンがあって、病院付きの牧師が毎週、夕べの礼拝をやっていた。参加する人はほとんどいなかった。

宗教についていえば、おもしろいことに、この病院を作った人は安息日再臨派の信者で、自分の信仰をことあるごとにぼくらに押しつけようとするのだった。おかげで、洗濯室だって金曜の日没から土曜の日没まで鍵がかけられてしまうし、朝食にも昼食にも肉類はいっさい出されなかった。代わりに出るのは、大豆タンパクから作った代用肉。肉に似せた味に作ってあるというふれこみだったが、もちろん似ても似つかぬ味がした。

キャンパス・センターの地下は第一体育館だった。こいつは実にすばらしい仕事で、予算を惜しまずに作られていた。体育館の脇には小さい部屋があって、ビリヤード台がひとつと、卓球台がいくつか置いてあった。

構内にはほかの部署もあった。どこの病棟に入れられるかは、患者の年齢と診断名とで決まることになる。

救急処置棟の最上階は印刷所になっていて、院内新聞を印刷するのもここ。『ウィンドウズ・アンド・ミラーズ（窓と鏡）』もここで作ってた。これは詩の月刊誌で、なかなかほかに類を見ないものだった。新聞の方は週刊で、名前は『ジ・アナリスト』といった。ぼくは何本か記事を書いたし、表紙も数回デザインしたことがある（このときの経験があったおかげで、後になって、アメリカ自閉症協会の機関誌『ジ・アドヴォケイト』の記事を書くようになったとき役にたった）。

別の建物の地下には音楽室もあった。ピアノ、ドラムセット、ギター、バンジョーなど、普通に思いつくような楽器なら何でもそろっていた。月に一回、ライブが開かれるのもここだった。この日は、音楽の心得のあるやつが（ないやつもだが）舞台に上がって、思いの丈を歌うというわけだ。

橋を渡ってすぐの所には、園芸センターというのがあった。ぼくらは毎年、ここでイチゴを育てたものだ。

それから、キャンパス・センターのとなりはカフェテリアだった。人工肉を使ってない料理は、使ってある料理よりずっと味がいいのだが、使ってない料理にはめったにお目にかかれなかった。構内には外来患者のための施設もあった。「A・D・T」といって、これは「アドレッセント・デイ・トリートメント」の頭文字だった（ここでは何でもかんでも略すんだ）。ぼくも最後の一年はここですごすことになった。

入院して六か月後、ぼくは再び文章を書きはじめた。書くことを覚えたってのは、ぼくの身に起きたこととしてはとりわけすばらしい出会いのひとつだと言っていいかもしれない。でもこれは、偶然はじまったことだった。女の子たちの一人が、例のよくある手首切りってやつをやって独居室に入れられた。それで、ぼくは君を好いてるし、君のことを気にかけてるよって伝えてあげたらいいんじゃないかなと思ったのだ。そこで、カードを一枚手に入れて、ちょっとしたメッセージをしたためた。渡すとなると、看護師は念入りに選ばなくちゃならなかった。全員とは言わないまでも、ほとんどの看護師はきちんと規則を守りたがって、ハイジに渡してはくれないだろうから。でも、届けるためには看護師に運んでもらう以外ない。ぼくは慎重に看護師を選んだ。このときはまだ、どうせ無理なんじゃないかと思っていたのだけれども。これはまちがいだった。ぼくの選んだ看護師は、独居室へ行って、カードを渡してくれた。

後になって、ようやく独居処遇を解かれると、ハイジはまっ先に、ぼくをがばっと抱きしめて《ハグして》くれた。そして、ありがとう、ほんとに嬉しかったわと言ってくれた。ぼくにとって、だれかにハグされて、本来のハグらしき感覚を味わえたのは、これが初めての経験だった。ぼくはたちまちハグ中毒におちいり、それ以降、問題のタネになった（実は今でもそうだ）。同時に、作文にも中毒になった。自分の手紙がハイジにとってそんなに役にたったということは、きっとぼくは、自分で知らなかっただけで、作文がじょうずなのにちがいないという結論に至ったのだ。

そのほか、ぼくはギターも習うようになった。はじめてみると、この分野におけるぼくの能力はたちまち講師の能力を追い越してしまった（当時はまったく知らなかったのだが、ぼくにはサヴァン的な音楽能力があったのだ）。作文と音楽がふたつそろったのであるから、このふたつを合わせて、作詞作曲をするようになったのは自然のなりゆきだった。これはやっているうちに本格的になってきて、スタジオへ行って録音したりもするようになった。録音したのは三三曲。入院中に作ったのもあれば、退院してから作った歌もある。後になって、その中の一曲、「ドリームチャイルド（夢の子）」は賞をもらうことになった。残念なことだけど、作曲したり録音したりは、今はやってない。スタジオで録音するってのはとても楽しいものだが、今は前ほど楽しさを感じなくなった。「夢の子」の歌詞（この三三曲から、ほかにもいくつか）はこの本の後ろに載せておいた。

病院って場所では、よそとはいろいろ勝手がちがう。入院すると、がみがみどなられたりすることがなくなった。おかげで、自閉症のほかの部分——ちゃんと取り組まずに、とりあえず押しこんであった部分——も顔を出すようになった。

ときには、外の世界から逃げ出して、自分だけの世界に隠れてしまうこともあった。これができるようになるには何年もかかったが、たぶん、こういうことなんだと思う。外の現実と、自分だけの現実とのあいだには門のようなものがあるのだが、この門に鍵をかけずにおいておく方法を発見したのだ。こうしておけば、行ったり来たりがやすやすとできるようになる。このテクニックを覚えてしまえば、自閉症の人たちって、普通の人にはない武器を手にできるんじゃないだろうか（ちょっと外界の状態がキツくなってきたら、ひょいっと脱出してしまえるのだから）。

ことばを話すのも大変になった。「L」と言うはずが「Y」になり、「D」は「G」になってしまった。音声言語はとちゅうでとぎれたり、つっかえたりするようになった。手もふるえが止まらなくなった（ときには、ついでに残りの部分もつき合ってくれた）。

うわさで聞いたのだが、ぼくは自分の世界に入ってしまうと、どの世界であれ、目の色が変わるらしい。これはいろんな人に言われた。ふだんは茶色の目なのに、このときはとても淡い灰色になるんだそうだ。自分の目を自分で見ることは人間には普通できないから、これについては確認する方法はない。信じているのかときかれても、よくわからない。でも、同じことを言う人はたくさんいたことだし、いつの日か真相がわかったらいいなあと思っている。この手のことに詳しい人たちにきくと、「ありうる話だ」と言う人もいれば「目の色が変わるなんて、不可能だよ」と言う人もいる。

あと、ほんの少しだけど、ある種の超能力めいた感覚能力（とでもいうしかない）が出はじめたのもこのころだ。これについては、後でもっと詳しく説明する予定だ。


時間がたつと記憶は歪んでいくのは確かだ。それでも、入院中に見たこと、経験したことの中には、ずっと忘れられそうにないこともある。いくつかはすてきな思い出もあるが、大半は、忘れられるものなら忘れたい。これから紹介するのはそんな例だ。


前にも書いたが、ここでは治療の一環として音楽療法をやっていた。ぼくは「アス」（ぼくら）っていうバンドに入ってた（「ぼくらの演奏を聞きにきておくれよ」とかいうわけさ）。いろんな曲を練習して、自信もついたことだし（じょうずになったかどうかはともかく）、院内コンサートを開いて、両親や友だちを招待した。

その日、コンサートは大成功に終わった。ぼくは生まれて初めて、サインを求められた。

そこで、バンドを指導していた看護師さんが、お祝いしてやると言って、全員を街のピザ屋さんに連れて行ってくれた。みんなご機嫌だった。今になって思い返してみれば、なにも特別すごい演奏だったわけじゃない。でも、音楽にちょっとうるさいタイプの若者たちなら、質のいい演奏をしたいと思うものだし、いい演奏じゃないとがまんならないのが人情だろう。そんなぼくらが、みごと、自分で納得のいく演奏ができたってわけだ。だからみんな、誇らしい思いでいっぱいだった。

病院に帰ってきたときには、外はもう暗くなっていた。ぼくらは病棟の裏でバンを降り、笑ったり、今日のことをあれこれしゃべったりしながら、裏口から入った。みんな鼻高々だった。ぼくらがこんなふうに胸を張れるなんてめったにないことだ。その夜ぼくらは、宝物のような思い出を手にすることになるはずだった。この日、このあとどんなひどいことが起きようとも、このすてきな晩が台なしになるなんてあり得ないと思えた。どんなことがあろうと、この日の思い出が奪われることはないはずだと思っていた。

裏口を開けて入ると、そこは血だまりのまん中だった。

その夕べの魔法はたちまち解け、それっきり失われた。ぼくらは用心しながら、ただ黙って歩き続けた。だれがやったのかはだれひとり知らなかったが、何があったのかは言われなくてもわかっていた。

ぼくの目は血の跡を追っていった。行ってみなくてもどこに続いているのかはわかったが、それでも行かずにはいられなかった。すぐには気づかなかったが、どうやらだれかが泣いているようだった。女の子の声で、苦しんでいる人の泣き声だった。声の主を見ようと目を上げると、看護師がその子の身体に片腕を回し、独居部屋へと誘導していくところだった。ぼくもみんなも、黙って見送るだけだった。手首からは血がぼたぼたと床に垂れていて、彼女は角を曲がり、ぼくらからは見えなくなった。

何があったんだろう？　彼女は本当に死にたかったんだろうか？　それともあれは、助けを求める叫びなのか？　先生方は、助ける方法を見つけられるんだろうか？　それとも彼女は、だれかに注目してほしいだけなんだろうか？　そうだとしても、あそこまでせずにはいられないなんて、なぜだろう？　その夜は、そんな疑問で頭がいっぱいになってしまった。

その子は、切り傷が深いので縫うことになったそうだが、命は助かった。

この夜の疑問の答えは、その数か月後にわかることになる。今度はぼく自身が自らの命を絶とうとしたときのことだった。

2 施設で見たあれこれ

前にも書いたが、この病院には入り口はひとつしかなく、橋を渡らなくては出入りはできない。この橋を渡るには事前に許可をもらうことになっていて、これに違反すると、罰を与えられるのが普通だった。

橋の下、それも、はるか下は渓谷で、細い小川が流れていた。

ある日のこと、ぼくはこの橋から下を見下ろしていた。そんな所で何を考えていたかというと、施設暮らしの若者が橋の上から下を見下ろせばだれでも考えるのと同じことを考えていた。そのとき、別の病棟で暮らすほかの患者が来て、隣に立った。

あまりよく知らないやつだった。顔は知ってるし、何度か話しかけたことはあるけど、その程度だった。そいつはぼくに話しかけてきた。話題はいろいろ、どの女の子がかわいいとか、食事がまずいとか、一般的な話ばかりだった。ぼくは相変わらず、下の小川を見下ろしていた。

そのときだった。まばたきをしたかと思うと、次の瞬間にぼくは柵《さく》を越えて、橋の外側に宙づりにされていた。どうやってそんなことになったのか、今でもよくわからない。ぼくは顔を上げ、相手の顔を見た。そいつは邪悪な笑みを浮かべていた。よせばよいのにぼくはうっかり下を見てしまった。こいつに落とされたら、トーマスは一巻の終わりだ。そして、彼は十分、落とす気満々であることもわかった。

ぼくは必死で這い上がろうとしながら、両腕で相手の首にしがみついた。ぼくを落とせばお前も道連れだぞという態勢だ。そいつは相変わらずぼくを、そしてぼくの命をつかんだまま笑っていた。自分はこいつを殺す力を握っているんだと思うと快感だったんだろう。実際、そのときの彼は、たしかにそれだけの力を握っていたんだから。ぼくは怖くてたまらなかった。どうしたらいいのか、どうすれば助かるのか、見当もつかなかった。いや、助かるのかどうかさえわからなかった。

そうやって宙づりにされていた時間は、永遠に続くかと思えた。そして、時間がたてばたつほど、自分は死ぬんだなという確信も強まっていった。そして、もう一度まばたきしたかと思うと、ぼくは元どおり、橋の上に戻っていた。相手は詫《わ》びのことばを口にすると、何ごともなかったかのように落ちつきはらって行ってしまった。ぼくはがっくりと膝をついて座りこみ、目を閉じた。そうするうち、呼吸が少しずつ平常に戻っていくのがわかった。

患者たちの間には、「患者どうし、互いにかばい合うべし」という不文律があり、ぼくらは忠実にそれを守っていた。もっともなルールだ。だからぼくはそれまでだって、何度も規則違反を目撃したが、密告したことはない。それに、ぼくだって一度ならず規則は破っている。規則を破ったのは、生きのびるにはそうするしかなかったからだ。みんなもそうだった。

仲間を売ってはいけないことくらい、ぼくだってほかのだれにも劣らずよく承知していた。だがこのときばかりは例外にしようと思い、職員に事情を話すことにした。かばったところで、本人のためになるとは思えなかったのだ。それに、ここで黙っていて、ほかのだれかが同じ目にあうのはいやだった。とりわけ、今度は本当に手を離すようなことになっては寝覚めが悪いではないか。

調査が行なわれた。そいつはクロとわかり、退院して、社会へ戻ることになった。きっと、一般社会こそ彼の居場所だと判断されたんだろう。

その後、橋は改築された。今では、だれかを宙づりにして命を危険にさらすことはできない。

入院時代の楽しみのひとつに、カフェテリアに忍び込んでチョコチップクッキーをくすねてくるというのがあった。最初は何か月も下見を重ねた末、見つからずに入り、盗み、出てこられる手順をあみ出したのだ。あの病院では、がまんできる食べ物なんてめったになくて、チョコチップクッキーは数少ないまともな食べ物のひとつだったのだ。

ある日のこと、ぼくはたった今盗んできたばかりのクッキーをかじりながら、のんびり敷地内を歩いていた。そこに、ガルってやつがやってきた。ぼくの友だちで、成人病棟の入院患者だ。

ぼくはガルにもクッキーを分けてやり、おしゃべりが始まった。

しゃべってるうちに、ぼくらは渓谷の奥まで来ていた。鉄道の線路のすぐ近くだ。ここは立入禁止区域で、今となってもまだ、どうやってあんなところまで行ってしまったのか思い出せない。そのとき突然、ガルはズボンを脱いだかと思うと、ぼくの体に腕を回してきた。

ぼくは可能なかぎりていねいに、やさしく、心をこめてその腕をほどき、彼の体の両脇に下ろしてやった。彼はすっかり混乱して、ショックのあまり口もきけないようすだった。

「トム……」

「なんだい？」

「いや、（間）実はその……、その……、何でもないんだ。忘れてくれ」

ガルは向きを変えると、木に向かって小用を足した。そして身仕度を整えると行ってしまった。一週間後、また彼とばったり出くわした。そのときも、盗んだクッキーを食べながらくつろいでいた。ガルは嬉しそうだった。ぼくに会えて、謝るチャンスができたからだ。彼の謝罪は本気だったと思う。今からでも、もしどこかで彼に会えたなら、友だちとして接すると思う。

それから数か月後のこと。ぼくはまたクッキーをくすねにカフェテリアに忍び込んだ。このころは、かなり経験を積んで、慣れたものだった。クッキーはただ鉢に入って、棚に置かれていたし、まわりにはだれもいなかった。まるでクッキーの方から、取ってくれ！　と大声で呼んでいるように見えた。だからぼくは、呼び声に従った。

ぼくは盗んだクッキーを部屋に持ち帰ると、ルームメイトとふたり、ご機嫌で食べた。あとになって、ルームメイトはトイレへむかって駆けだすと、嘔吐した。その三〇秒くらいのち、ぼくも立ち上がり、トイレへ走ったが、間に合わなかった。生まれてこのかた、これほど激しく吐いたのは初めてだったし、それ以降も二度となかった。

とにかく、先方の言いたいことは伝わった。この日は、カフェテリアからクッキーを盗んだ最後の日となった。


夜は、みんな一〇時ごろにはベッドに入る決まりになっていた。夜勤の職員は二人。一人は女性の看護師で、一人は男性の医療助手だ。あとになって発覚したことだが、医療助手のうちの一人は、夜間の見回りの業務に、少しばかり熱心さの度が過ぎていた。

たしかにぼくらの方も、ときどき夜勤の職員をからかって喜んでいたのは認める。だってぼくらは、好きでこんな所にいるわけじゃないんだから。そんなわけだから、ある夜のこと、ぼくは、純粋に職員を怒らせることだけを目的とした装置を開発した。

装置の主材料は、聖餐杯みたいな形をした小さなプラスチックの器、ひもが少々。完成したときの形は、昔なつかしい「あれ」、つまり、教室のドアの頭上に水の入ったバケツをしかけるのと基本的には同じ。もう少し凝ってたけどね。看護師が入ってきて、何も気づかずに十分に奥まで進んだらひっくり返るというしくみになっていた。ぼくはルームメイトと二人で一時間くらいあれこれ工夫して、ちょうどいい具合にしかけることができた。

結果は完璧だった。看護師は入ってくるとずぶ濡れになった。ただ、ぼくは知らなかったのだが、彼女はたまたまこの日、上等のシルクのワンピースを着ていた。この晩、このワンピースはかなり傷んでしまったらしい。

二度とこのような結果を招かないため、ぼくは装置を改良した。水の代わりに、プラスチックのゲーム用のコインが降ってくるようにしたのだ。

この装置は没収されてしまったが、しばらくのちに返された。返されてからも、ほとぼりがさめるまではじっとがまんして、向こうが油断したころにまたしかけた。今度は、降ってくるのはプラスチックのコインだったが、作戦は成功だった。

このとき引っかかった看護師はマデリンという女性だった。ぼくは二度めの勝利を記念して、この装置を「マデリン・マシン」と命名した。その後、装置は持ち運びに便利なように改良され、どこの部屋にでもしかけられるようになった。おかげで向こうは、どこで狙われるかわからなくなる。こんなことが続くうち、看護師も医療助手も全員、どの部屋に入るにも決まって、ドアを開けると一瞬後ろへ下がる癖がついてしまった。マデリン・マシンはじきに飽きられ、魅力を失ってしまった。でもそのときにはもう、何度も成功をおさめた後だった。そして、職員たちには何年も後遺症を遺すことになった。

ぼくらは知らなかった。ぼくらがこんな子どもの遊びにふけっている間に、医療助手の一人は、まぎれもなく大人の遊びにふけっていたのだ。対象になった少女たちはみんながみんな、「こんなふうに必要以上に念入りな検査をされているのは、自分一人にちがいない」と思い込んでいた。彼が長いこと見つからずにやりおおせていたのは、そのせいだった。ところがある日のこと、女の子の一人が、とうとう勇気をふるい起こし、ほかの子にきいてみた。この二人がさらに別の子にも話をきいた。こうして、女の子たちはおおぜいで徒党を組んでくだんの職員を問い詰めた。こうして調査が行なわれ、この助手は解雇された。だが被害はすでに起きてしまった後だった。

だれかが施設の方針に腹をたてて、バリケードを作って立てこもるのもよく見かけた。これは昔からの伝統らしく、こうして立てこもった者は、単独だろうと集団だろうと、結局は一人の例外もなく独居室に入れられることになるのだった。

ある日のこと、八人の患者が一室に立てこもった。そこの窓は外から開けられない造りなので、窓からは押し入れない部屋だった。立てこもった八人は男の子が四人と女の子が四人。うわさでは、彼らは代わる代わるベッドを共にしているとかいう話だった。

他の病棟から、応援の職員が呼んでこられた。話し合いでは埒《らち》が明かなかった。結局、院長が出てきて説得にあたった。それでも解決しない。交渉は未明まで続いた。ぼくたち関係のない者は、ドアを閉めて、部屋から出ないようにとのお達しだった。

ぼくのルームメイトは（このときは、前に出てきたのとは別のやつだ）、職員たちがバリケード問題にかかりきりになっている隙に、同性愛の可能性を追求してみるのもよかろうと思いたった。彼はぼくに、各種の性的行動に参加するよう求めてきた。ぼくは丁重にお断りした。

彼はついにあきらめて、ぼくが楽しみを与えてくれないなら、自分でやるしかないと判断した。そして、そのとおりに実行した。一方、バリケード騒ぎの方は、午前三時ごろには解決も目前となっていた。病院側は電気のこぎりを持ちだし、ドアの板を切って中に押し入ったのだ。八人は金網つきのワゴンに乗せられて、州立の施設に送られた。彼らの姿は、二度と目にしなかった。


ここで課される罰として標準的なのは、「E・B・T」というやつだった。「アーリー・ベッド・タイム（就寝時間繰り上げ）」の頭文字で、患者が何か職員の気に入らないことをしたときに適用される。ふだんの就寝時間は夜一〇時。E・B・Tの一単位は三〇分。一日に何度も規則違反をすれば、E・B・Tはいくつもたまるから、就寝時間は相当早くなることもある（ぼくはいつも、このE・B・Tってのは「エクストラ・ボッシー・トリートメント」、つまり「特別に偉そうな扱い」の略だよと言ってたものだ。ぼくに言わせれば、こっちの方がずっと似合ってる）。

とりわけ勇ましく逆らったある日のこと、ぼくは夕方の四時に就寝を命じられた。ぼくは寝室へ入り、ひとりの時間を堪能していた。数時間が経過し、生身の身体を持った人間として、どうしても一時的に部屋を離れなくてはならない事態が生じた。ところが職員はがんとして出してくれようとしない。就寝時間になっていったん寝室に入ったら、何があろうと深夜の〇時までは出るべからずとはっきり規則に書いてあるからだった。そして、その日の担当者は、何がなんでもこのルールを守りたくてたまらない気分だったらしい。

さらに時間がたち、必死で頼みこんだが、やはり出してもらえない。結局、窓を叩き割ってすきまを作った。これが自分に残された唯一の選択肢だと自分に言い聞かせながら（似たような経験のある患者たちが、ずっと前、もしものときのためにといって伝授してくれた方法だった）。

このような出し物を演じるのは初めてだったもので、ぼくは初心者のよくやる典型的な失敗をしてしまった。寝室の電燈を消すのを忘れていたのだ。さて、ぼくがこの「比類なき排尿行動」に従事していたとき、ひとりの男子職員がたまたま外を歩いていた。彼はあとになってぼくの部屋に来て、あれならサーカスでスポットライトを浴びる方がまだいいぞと言っていた。ぼくの姿はまさにサーカスそのものだったからだ。

ぼくは罰を受けることになった。このときはかなりたくさんの権利を取り上げられたものだから、退院のときまでがんばっても、この日取り上げられた権利を全部回復してもらうことはとうとうできなかった。

退院してからはデイケアに通うようになった。そこで、一時期、マンディーというイギリス人の女の子と親しくしてたことがある。ぼくとマンディーの相性は最高だったのだが、そこにはもう一人、イレーンという子もいた。イレーンはぼくのことが好きだったんだ。イレーンに親切に接する人はあまりいなくて、ぼくはその数少ないうちの一人だった。たぶん、彼女がぼくに熱を上げたのは、そのせいもあるんだろう。とはいっても、恋愛の対象としては、イレーンには少しも興味が持てなかった。

マンディーとぼくは「デート」を続けた（デートといっても、こんな状況でできる程度のことしかなかったけれども）。その間じゅう、一日、また一日とイレーンのやきもちがひどくなっていくのがはっきりわかった。それでもなお、ぼくたちは会うのをやめなかった。

イレーンは何か月もぼくを誘いつづけたが、望む結果は得られなかった。こうしてある日、彼女のがまんは限界に達した。とうとうイレーンは入院させられることになった。理由をきいてみたら、「マンディーになったから」とのことだった。

何もかもがどん底だったころ、病棟に新しい患者が入院してきた。それがリサだった。ぼくは今でも、リサには深い恩を感じている。リサみたいな人は、探したってそう簡単に見つかるものじゃない。彼女は可愛くて、思いやりがあって、ぼくのことを理解してくれた。この三つは、ぼくが女性に求めるたった三つの条件そのものだ。まあ、後の二つがそろっていれば、最初の一つは重要ではない。ぼくにとっては、内面の美しさの方がずっと大切なのだから。リサはぼくより一つ年下だった。

リサはどういうわけかぼくを好いてくれた。ありがたいことだ。だってぼくもリサのことは好きだったから。病棟ではずいぶんいっしょにすごした。たいていは、ただ話をするだけだった。二人とも、だれかに話をしなくてはならない状態だった。なのに、このころはリサもぼくも職員をあまり信用していなくて、職員に聞いてもらうわけにはいかなかった。

リサとぼくはお互いを深く知っていくことになった。それに、こうしてお互いを探りながら、ぼくらは何というか、互いがそれぞれ自分の殻から出るのを手助けすることになった。まあ、少なくとも、ぼくらはこうして助け合ったおかげで、それぞれの殻から首を出し、少しとはいえ、外の世界を覗いてみることができたのだ。

リサはぼくより先に退院した。ぼくもそれから間もなく退院したが、そのまますぐにデイケアセンターに入れられた。ここには一年いた。退院のときは、職員の反対を押し切る形になった。ぼくは「まだ早い」とのことだった。それでも退院した。三年もいればたくさんだと思った。うつも、自殺も、そのほかいろんなことも、もうたっぷり目撃してきた。こんなものを目の当たりにすることを強制されるなんてまちがってる。これ以上、見るべきものは残っていなかった。最終的には、費用は一五万ドルになった。もう何年も昔のことだ。今ならいくらになるか、見当もつかない。

3 世界に参加してみる

リサとぼくとは退院後も連絡をとり合っていて、それはぼくがイリノイに移ってからも続いていた。おじとおばがイリノイに住んでいて、いっしょに暮らさないかと言ってくれたのだ。高校を卒業していなくても学べる大学は、アメリカ全体でも数校しかないのだが、そのうちの一つがおじ夫婦の家の近くにあった。ここならコンピュータ・サイエンスを学べるというわけだった(ぼくはまだ、一日、いや、一時間、それどころか一分さえ高校へ行ったことがない)。当時のぼくは獣医師の助手をしていて、時給はわずか三ドル三五セントという薄給だったから、二人の申し出をありがたく受けることにして、イリノイへ移った。それは、父の大事にしていた一九六七年型のフォードのムスタングを事故で廃車にしてしまってまもなくのことだった。過去にやったことで、今でもまだ後ろめたく思っていることなんてあまりたくさんはないのだが、この件はさすがに申し訳なく思っている。あの車の代わりを用意するなんて、まず不可能だろう。でも、いつかそんなチャンスがくればいいなと思っている。

ここで説明しておいた方がいいだろう。デイケアに通っていたときのことだが、ある日のこと、世界で一番ぶかっこうなテリア犬がぼくの後を追って、家までついてきてしまった。迷い犬だったので、うちで飼うことになった。母はアイルランド系であることをおおいに誇りにしている人で、アイルランド風に「クランシー」とつけたらどうかと言った。あまのじゃくなぼくのことだから、名前は「モザンビーク」とつけた。アイルランドらしさから少しでもかけ離れた名前をつけたかったのだ。

モザは奇蹟のような犬だった。いつでもぼくの考え、ぼくの気持ちを正確に読みとり、そのとおりに行動してくれた。自閉症の子どもの相手をするには、まさに理想的な犬だった。彼女のすごさはそれだけじゃない。公園へ散歩に連れて行くと、すべり台のハシゴをのぼり、ちゃんとすべり下りてくるのだ。それも、一番大きなすべり台で、何度も何度もくり返す。公園では子どもたちが大喜びだった。あるときなど、「妻に見せたいから」といって、家までビデオカメラを取りに帰った人もいたくらいだ。

ここでちょっと時期的な関係を整理しておくと、今は一九八三年の話をしている。ぼくは一八歳だ。モザとぼくはイリノイへ引っ越して、大学でいくつか授業を受けてみることになった。ぼくは成績が悪くて単位をとれなかった。先生がこうやれと言うやりかたが変で、なぜそんなやりかたをしなくてはならないのか理解できなかったからだった。あるプログラムのためのコードを書くという課題で、先生が例を黒板に書いた。ぼくは前へ出て板書を消し、「先生、そうじゃなくてこうすれば、四行か五行短くできますよ」と言って、先生の書いたコードを書き直してしまうのだった。先生は、たしかにきみの言うとおりだ、それでうまくいく、それでもやはり最初に言ったとおりにやりなさいと言う。そして、ぼくのやりかたを通すなら不合格だという。もしもぼくがプログラマとして就職活動をしていて、先生のいうコードを使ったら、採用してもらえないだろうに。ぼくはわけがわからず、力が出せなくて、不合格になった。

とはいえ、イリノイにいたときにもとても大事なできごとが二つあったから、この時期もむだにはならなかった。まず、学力検定試験に合格して、高校卒業と同等の資格をとった。聞いた話だと、この試験は、今ではぼくが受けたときよりもずっと難しくなっているそうだ。あのときに合格していてよかったと思う。まったく勉強しなくても一回で合格できたところを見ると、ぼくはとても頭がいいか、神さまが味方をしてくれたか、どっちかだったとしか思えない。どっちだったのかは、いまだによくわからない。

それにイリノイでは、グウェンドリン姫との出会いがあった。彼女はその名前から想像できるとおりの人だ。「姫」ということばを耳にしたとき、まっ先に思いつくイメージそのままの人だ。声は歌のよう。彼女が触れてくれると魔法が起きる。見た目もすばらしい。今でも、彼女は親友の一人だ。

彼女の思いやりは、一輪の花を思わせる。その心根は、天性のものなのだ。いくら考えても理解できそうにないことでさえ、どうにかして理解してしまう。ぼくはこれまで、怖いとき、泣けてしまうとき、落ちこんだとき、どうしていいかわからないとき、ことばも出ないとき、息もできないとき、そして、とにかくただ死にたいというとき、彼女に電話したり、会ったり、抱きしめたりしてきた。彼女はいつでも、手の届くところにいてくれた。それは今も変わらない。これははっきり確信を持って言えることだが、彼女がいなかったら、ぼくはとうに死んでいたはずだ。彼女もそのことは承知している。グウェンドリンに会わせてくれたことを、ぼくはいつも神さまに感謝している。そして、グウェンドリンのことは、向こうが想像している以上に大切に思っている。

学校をしくじってから、ぼくはコロンバスの両親の元へ戻った。自分に合った職を見つけることはできなかった。

一九八四年六月一五日。生涯でとりわけ悲しい日の一つだ。庭で芝生を刈っていると、母が出てきて電話だと言った。何の用か知らなかったぼくは、芝刈りをサボる口実ができてありがたいと思いながら家へ入り、受話器をとった。

リサが死んだ。

リサは永久に行ってしまった。今でも寂しく思っている。つまりこういうことだった。当時のぼくはかなり「まともにやってる」状態だったが、リサはまだ、かつてのぼくとよく似たつらい状態にあった。リサはきっと、とにかく……みじめだったのだ。どうしようもなくみじめだったのだ。あんまりみじめで、この世界を避けて隠れたくなるほどで、だから隠れた。あまりにみじめで、死にたくなるほどだった。これはもう少しで実行するところだった。みじめさのあまり、誰にも答えようのない問いを発してしまった。あまりにみじめだから、理由がほしかった。こじつけでもいいから信じようとした。

出会ったときのリサは、ひどい状態だった。当時のぼくと同じくらい、ひどい状態だった。ぼくたちのつらさはとてもよく似ていた。そしてそのことは、二人とも無意識にとはいえ自覚していたと思う。おかげでぼくらは、分かちがたく結びつくことになった。二人を切り離すことができるのは、死だけだった。そして、実際そのとおりになった。

とはいえ、リサは死ぬ前に、その苦しみから逃れることができた。彼女は幸せになってから死んだ。それを思うと、ぼくも少しは救われた気持ちになる。

苦しいとき、自分と同じように苦しんでいる人が自分以外にも少なくとも一人はいると知ると、何ということはなくても助かるものだ。この世の苦しみを一人で背負っている人間なんているはずがない。人はみな、ときどきはこのことを思い出させてもらう必要があるのだ。

リサが死んだという知らせを受けとめるのは、控えめに言っても、楽なことではなかった。母はぼくを呼ぶ前から電話の内容を知っていたから、ぼくの対応ぶりに目を光らせていた。母は、もしもみなさんにきかれたら、ぼくの態度はあまりほめられたものではなかったと答えるだろう。でも、今ふり返ってみて、あれでまちがっていたという気はしない。この世で一番愛しい人の突然の訃報を優雅に受け流すなんて無理な相談だと思う。リサは永遠にいなくなってしまった。一八歳だった。

自動車事故だった。彼女はオハイオのトリード市に住んでいて、新しい車を手に入れたばかりとのことだった。事故を起こしたのは高速の入り口で、ランプをのぼりきったものの、合流に失敗したのだ。リサとはたった八日前に話をしたばかりだった。電話を切ってから、そういえば愛してるって言うのを忘れてたなと気づいて、受話器に手をかけたのだが、やめてしまった。この次は忘れないように気をつければいいんだと思い直したのだ。ただし、「この次」は二度と来なかった。ぼくの犯した人生最大の過ちは何かって？　あのとき、受話器から手を離したことだ。

就職できそうな見込みもまったくなかったから、ぼくは、専攻を変えて学校に再挑戦することにした。今度はコロンバスのコミュニティカレッジ（当時はコロンバス専門学院という名前だった）の精神保健技術コースに入学した。ここでも、どういうわけだか好成績をおさめることはできなかった。

このころ、モザンビークも死んだ。車にはねられたのだ。誤解しないでほしい。モジィは利口な犬だった。道路にとび出してはいけないことくらい、ちゃんと心得ていた。でも、道の反対側にオポッサムの姿を見かけて、誘惑に抵抗できる犬などいるだろうか？　彼女がかけ出したのは、ちょうど、同じ通りに住む女性が、時速六五キロを越えるスピードで通りを急いでいたときのことだった。その人はＰＴＡの会合に遅れそうになっていたのだ。

これは一九八四年の一〇月二四日だった。リサが死んでからわずか五か月。ぼくはすっかり打ちひしがれてしまった。人生最良の友を二人、立て続けに失ったのだから。でも、すべての希望が失われたというわけではない。神さまは、ぼくにうめ合わせをするのが適当だとお考えになった。

モザンビークが死んだのと同じ日（同じ日だけど、彼女が死ぬより前）、一枚のはがきが届いた。差出人はグウェンドリン。そのときはまだ、イリノイ時代に知り合った女の子というだけの存在でしかなかった。そのはがきは、ぼくがこのごろ彼女に手紙を書かなくなった理由をたずねるものだった。その日の夜遅く、ひどい憂鬱に沈みこんでいたとき、そのはがきが再び目についた。ぼくは、自分はだれかに話を聞いてもらう必要があるんだと思いたち、彼女に電話をかけた。会話の冒頭は（それは午前三時のことだった）、ざっと次のように進んだ。

リリン・リリン・リリン・リリン・リリン・リリン……

もしもし？

もしもし、グウェン。トムだよ。起こしちゃった？

〈ふぁあーあ〉いいえ、だいじょうぶ、〈ふぁあーあ〉起きてたから。どうしたの？　うれしいわ、電話もらえて！

ぼくらはしばらく話をした。グウェンは以前と変わらず、ぼくの話にじっくり耳をかたむけてくれた。ぼくはずいぶん楽になって電話を切り、床に就いた。翌日、電話が鳴り、ぼくが出た。

リリン・リリン……

もしもし？

もしもし、トム？　私、グウェンよ。実は、ルームメイトから、夕べあなたから電話があったわよって聞いたものだから、電話してみたの……

前の晩に話したのは、ルームメイトなんかじゃなかった。あれはグウェンだった。そして、そのときに起きていたかどうかについて、彼女が真実を語っていようがいまいが、この日は、グウェンドリン姫の誕生の日となった。

一九八五年の五月二五日、グウェンドリンは恋人のマイケルと結婚した。最初のうちは少しばかり腹が立った（あるいは、もしかしたら嫉妬だったのかもしれない）。でも、じきに、この二人はお似合いで、結ばれるべきだとわかってきた。それに、グウェンは結婚するとき、絶対にぼくのことを忘れたりしないと請け合ってくれた。

月日は過ぎていったが、ぼくの人生は行き止まりだった。ぼくが何一つ生産的なことをしていないので、父はがっかりして、メディケア（高齢者対象の医療保険）に就職できるよう、取り計らってくれた。一九八六年だった。

初出勤は一月一三日だった。今だからわかるのだが、ぼくは世界で一番すばらしい上司に恵まれた。これまで何人もの人に吹聴してきたのだが、ワイドナー准将ほど慈悲の心に満ちた人にぼくは出会ったことがない（グウェンの夫のマイケルが僅差で二位だけれども）。人を思いやる力というのは、一種の才能だ。この性質に恵まれるのは、実にすてきなことだ。でも、この性質は、職場という環境では致命的なハンディになることもある。結局、准将は別の役職（前よりも低い役職）に回され、後任には別の人がおさまった。すべてはまたたく間に崩壊していった。一度は楽しかった仕事が（そして、そのおかげでかろうじて続けていられた職が）、今や、激しく憎み、忌み嫌う対象となった。とうとうぼくは、「心を入れかえてしっかりやるか、出て行くか、ふたつにひとつだ」と言い渡された。ぼくは出て行った。勤務の最終日は一九八九年三月一〇日だった。

だが、メディケアで働いている間には、ほかのこともあった。たとえば、一九八八年に、祖母が八〇歳の誕生日を迎え、母（祖母からみれば娘にあたる）が「みんなでお祖母ちゃんに愛を伝えようパーティー」を開こうと言いだした。その年は偶然にも、母の日が祖母の誕生日と重なる年だった。そんなこんなで母は、このすてきなパーティーの会場として、近所の教会を借りる手はずを整えた。

この話は、ぼくにとってはストレスの源だった。ことを大層に考えてしまったせいもあって、プレゼントに何を贈ったらいいのか見当もつかなかった。ぼくはプレゼント選びに何日も苦しみつづけた。そして、パーティーまであと二日という日になって、ようやく、自分の本当の心から生まれた物以外、贈る価値はないという結論に達した。そこで、祖母の誕生日には歌を贈ろうと心に決めた。でも、ただの歌じゃ足りない。何か記念になる歌でなくては。特別な歌でなくては。自分にできるかどうか自信はない。でも、やってみるくらいはやってみなくては。そう思って、腰を据え、曲を作った。パーティーが目前に迫っていることはよくわかっていた。祖母に会いたくて、自分がどんなに寂しいかもわかっていた。このときできたのが次の歌詞だった。

あなたのまわりでは　時間はつづれ織りをなしている。
あなたは後まで残る財産を築いたのだから。
今では　愛する人々に囲まれて
みんなに仲良く愛されて。
あなたは見届けてきた　子どもたちが育つのを
今やその子どもたちが　親として子を育てている。
その子がみんな集まって
八〇になる日を祝っている。

戦争だって見てきた　いくつもの開戦と　いくつもの終戦と
今　わが国はすっかり平穏で
第一次大戦もなければ　第二次大戦もない、
朝鮮戦争もなければ　ヴェトナム戦争もない。
あなたは見てきた　人々が死んでいくさまも

うなぎ上りの死傷者数も。
うれしいことに　それも今は昔
あなたが八〇になる今日は。

彼は特別な人だった。
そんじょそこらで出会えはしない。
覚えているでしょう、彼があなたの手を取り、
瞳を見つめた日のことを。
今日　彼にもそばにいてほしいことでしょう、
でも　それはかなわない。
ぼくらもみんな　彼の助けがないのを寂しく思ってる
あなたが八〇になるこの日に。

未来はまるで　今日のこの場にあるようで
そして　過去は実に遠い昔に感じられる
でもこれこそ
八〇になるってことの不思議さなんだ。

あなたは今　過ぎた日々をふり返る。
これからのことを考える。
これまで起きたこと、語られたことば、
何を思い出しても
なぜだか　ほほえまずにいられないんですね。
あなたは見てきた　孫たちが育つのを
今やその孫たちにも　子どもがいる。
そしてみんなが　あなたをやさしく抱きしめる
あなたが八〇になるこの日に。

翌日、パーティーの前日、ぼくは愛用のギターとメディケアの給料を持って録音スタジオへ出向いた。数時間と六七ドル七三セントとを費やして、贈り物が準備できた。

祖母は大喜びしてくれた。ぼくから見れば、こんなのは取るに足りない歌だったし、今思っても、時間さえあれば、ちゃんと練り上げてもっといい歌にできたのにと思う。でもそんなことは、祖母には気にならないようだった。

それからほどなく、祖母は脳卒中を起こした。でも、ぼくは心配にならなかった。だって祖母はとても元気な人だったから。祖母ならきっと回復するはずだった。

でも現実はそうはいかなかった。ぼくが何度かお見舞いに行くうち、祖母は少しずつ快方にむかっていったのだが、良くなってきたなと思ったところで、次の卒中に襲われたのだ。悲しいかな、この二度目の発作が彼女の運命を変えてしまった。祖母はたしかにその後もかなり長いこと生きのびたものの、あれはどう考えても「生きている」とよべるようなものではなかった。

そのころのぼくはまだ、自分の作ったあの歌のことがあまり気に入ってはいなかった。でも、今になってふり返ってみると、あのとき録音しておいてよかったとはっきり言える。あの歌のおかげで、祖母にさようならを言う機会をもらえたって気がするのだ。

この一連のできごとに関して、一番おそろしく思えることは何かというと、今、母が少しずつ年をとっていくにつれ、母の中に祖母の面影が日々、濃くなっていくことだ。母自身は、このことをあまりうれしくないと言っているけれども、本心では喜んでいるのではないかと思う。

メディケアに勤めた期間の次は、学校に戻り、もう一度、精神保健の講座を受講し直した。成績はAをとった！　それなのに、ぼくはオフィスに呼びだされたかと思うと、またしても専攻科から追いだされてしまう。話によると、学科の成績はりっぱなのだが、「福祉職に就くには若すぎるし、考えかたが個性的すぎる」とのことだった。ずいぶんいろいろな意味に解釈できそうな表現ではあるが、どう解釈しようとも喜べるものとは思えない。
成績は悪くないとのことなんだから、専攻科は離れても、学校には残ることにした。成績の平均点を下げないようにしようと思うと、作文の授業を選択した方がいい（なぜかというと、学校に戻って以来、課題でエッセイを提出するたび、一度の例外もなく評価はAだったからだ）。ぼくはジャーナリズムに転身することにして、この関心は今も続いている。

一方、ちょうどそのころ、妹は学校に行くため寮生活をしていたのに、ぼくはまだ実家ぐらしだった。ある日のことぼくは、ぼくたちの生活費は父が負担しているんだということに気がついた。そこで、どちらかというと冗談のつもりで、「どうしてメアリーは寮に入ってるのに、ぼくは家にいるの？」と言ってみた。答えが返ってくるとは思わずに言ったのに、それが返ってきた。「自分でアパートを見つけてきたら、家賃は出してやる」というのだ。ぼくはアパートを見つけた。それ以来、ずっとひとり暮らしで、本当に快適だよ！　ひとり暮らしというのは、まさに自閉症者の夢だろう。両親がこうして計らってくれなかったら、ひとり暮らしなどできなかった。こんなことを許してくれて、両親には感謝している。

最初に住んだアパートは、コロンバス市中心部からほんの数マイル北に離れたところで、街の中でもみすぼらしくて不潔な区域にあった。部屋が二つと台所、それに寝室だった。浴室は地下にあった。

家賃はお手ごろで、月に一八〇ドルだった。じゅうたん敷き、家具つきだった。この部屋はあまり気に入らなかったし、周囲もあまり安全な場所とはいえなかった。でも、もっとひどい所だってあるのだし、騒音も最初に心配していたよりはずっとましだった。

ところが、結局ここでは家主のおばさんとトラブルになった。うちの猫のせいで、建物じゅうがノミだらけになったと言われたのだ。でも本当は、二階に住んでいた女の子が野良猫をかまっていたのが原因だった。ぼくの猫にノミをうつしたのも、ノミをばらまいたのもその野良猫なのだ。ぼくにとっては、この件が、引っ越す潮時だと教えてくれることになった。

家賃の安い引っ越し先を必死でさがしたあげく、オハイオ州立大学の学生街に部屋を見つけた。月に二二〇ドルだった。失敗だったのは、学生向けのバーの立ち並ぶ通りから角を曲がってすぐの場所を選んでしまったことだ。別の場所にしておけばよかった。ここにくらべたら天国だっただろう。

毎晩、サイレンで起こされる。クラクションにも毎晩起こされる。酔っぱらった学生たちも、ぴちぴちのジーンズをはいた女の子をめぐってけんかをしては毎晩起こしてくれる。最悪だったのは、週末になると、はしご酒の学生たちが、うちの玄関先で小用を足していくことだった。安全性もゼロだった。いつなんどき、窓から流れ弾が飛びこんできてぼくに命中しないともかぎらないという気分だった。ぼくは、こんなところからはなるべく早く脱出するぞと心に決めた。

それからずっと後になって、福祉の受給資格が認められたおかげで、ぼくはこのいたちごっこに終止符を打つことができた。今のぼくは、静かさと治安を念頭に置いて選んだマンションに住んでいる。長年、切望しつづけた二つのものが、今はたっぷりある。この場所に住めて、今のぼくはとても幸せだ。

ちょっと話が先へ進みすぎてしまった。カレッジは一年が四学期に分かれていたが、入り直して四学期か五学期で成績が下がってきた。たぶん燃え尽きたのだろう。ぼくは学校をやめた。そして一人の女の子と知り合った。それがメラニーだ。何日も、何日も彼女とすごして、メラニーのことを知っていった。いく晩も、いく晩もいっしょにすごして、身をすり寄せ、きつく抱きしめた。こうして一九九〇年七月四日の午前一二時二〇分、ぼくはメラニーに結婚を申し込んだ。場所は父の屋外ジャクジー風呂、ぼくらは星空の下、裸で座っていた。晴れた夜のことで、星々も満月も、ぼくらを見下ろしてほほえんでいた。メラニーは承知してくれて、ぼくは彼女の指に指輪をはめた。二人は互いに恋してはいたが、普通にありがちな性的関係はいっさいなかった。

その五か月後、メラニーはレイプされた。ぼくはこのときほどの怒りを感じたことはない。リサが死んだときでさえ、ここまで動揺はしなかった。事件があってから四晩か五晩は一睡もできなかった。それ以来、メラニーはかなり長いこと、ぼくが（ほかの人もだが）彼女に触れることを許してくれなかった。犯人はわかっていたが、メラニーがパニックに陥ってしまったので、証拠を確保できなかった。この事件のせいもあり、また、彼女はどうしても、ぼくが差し出せる以上のことを求めてやまなかったこともあって（さらに、もしかしたら、ぼくの自閉症のせいもあって）、一度は完璧かと思えた関係も終わりを迎えることになった。一九九〇年一二月のことだった。

4 自閉症との出会い

ぼくにとっては人生最大の失敗と思える経験をくぐったことから、ぼくは、自分にはまだ何かおかしなところがあるはずだと思い至った。そして、自分はどこがおかしいのかはっきりさせてやると決心した。まずは、自分の過去を詳しく検討してみなくては。この調査に少しでも方向を与えるため、ぼくは自分の伝記を書くことにした。病院にも連絡して、これまでの記録を請求した。

自分では、何が書いてあろうと読む覚悟はできているつもりだった。だが実際には、とてもじゃないが、自分が自閉症だと知る準備ができているなどとよべる状態ではなかった。このやっかいで不思議な障害のことは、カレッジでも習っていたはずなのに。それに、この手のことってのは、自分に起きることじゃない。いつだって、よその人たちに起きることと決まっているはずじゃないか？　そうだろ？　これは一九九一年の三月のことだった。

正確にいうと、ぼくのカルテにくり返し登場していた診断名は、「広汎性発達障害（ＰＤＤ）」

というものだった。まずはこの名前を見つけたので、医学雑誌を調べてみた。そうしたら、PDDとは要するに自閉症のことだと書いてあった。自分は自閉症かもしれないと知ったのをきっかけに、ぼくはオハイオ州立大学のナイソンジャー・センターを訪ね、そこの心理士に自閉症との確定診断を受けた。

このことは、もしかしたら悲しいできごとになっていたのかもしれない。でもふたを開けてみたら、すてきなできごととなった。自分の悩みに、ようやく名前がついたのだし、この悩みと戦う武器があるはずだとわかったのだ。そしてぼくは知ることになる。その武器とは、知識なんだと。

ぼくはメラニーとの件の悲しみをふり捨てて（できる範囲でだが）、なるべくたくさんの知識を得ることに全力を集中した。起きている時間は残らず情報収集に注いだ。見つかるかぎり、なるべくおおぜいの専門家に会い、自閉症とは何なのか質問した。図書館の本も借りられるだけ借り出して、残らず読破した。とにかく必死だった。自閉症に関することなら、知りうることは全部知りたい。そうしないと、自分の人生、何ひとつ値うちのあることをできずに終わってしまう。

こうして読んだ中に、『Children With Emerald Eyes』という本があった。マイラ・ローゼンバーグという人の書いた本で、すごくすばらしいと思った。内容のせいじゃない。いや、内容もよかったのだが、それより、この女性は書き手としてとても才能があって、うまいと思ったからだった。この人に会わなくちゃ。この人と話をしなくちゃと思った。

最初に問い合わせてみたのは出版社だ。予想どおり、協力してはくれなかった。資料もあたってみたが、電話番号が載っていなかった。手紙じゃしょうがない。ぼくは話がしたいのだ。

ぼくはもう一度その本を手にとり、何か彼女の連絡先を探すヒントになりそうな情報が載っていないか、読み直してみた。すると「ブルーベリー治療センター」という場所が出ていた。そこに電話すると、彼女の電話番号を教えてくれた。ぼくはマイラに電話をかけた。マイラは（いつもそうなのだが）ひどく忙しかった。それでも、ぼくらはしばらくのあいだ話をした。最後にマイラはぼくに、ぜひ手紙を書いてちょうだいと言ってくれた。

彼女と話ができたことでぼくはすっかり満足だった。それに、彼女はぼくの手紙を本気で楽しみにしているらしいという気がした。だからぼくは丁重に電話を切り、コンピュータの前に腰をすえた。当時使っていたのは、古い（けどとっても頼りになる）CP／Mのケイプロ4／84ポータブルだ。

一方そのころ、ぼくは『Autism: A Parents' Guide』（マイケル・パワーズ編）という本も読んでいた。この本の巻末に、問い合わせ先や支援グループの一覧表が載っていた。載っていた支援グループの一つが、アメリカ自閉症協会（ＡＳＡ）だった。ぼくは情報を求めて、アメリカ中に電話をかけまくった。残念ながら、ぼくがこの本を手にしたときには、この本に載っている連絡先は古くなっていた。

皮肉にも、こうして探しつづけるうち、ぼくはぐるっと遠回りをしたあげく、地元のコロンバスに戻ってくることになった。市内電話でも調べられたはずのことなのに、こんなに電話代を使ってしまった（ふだん以上にひどくなったという意味だ）と思うと、自分に腹が立ってしまった。

電話で話すことになった相手は、うちのすぐ近所に住んでいる人だった。彼は、何やら「支部ミーティング」とかいうものに来るといいと誘ってくれた。このときは、支部ミーティングとはどんなものなのかもさっぱりわからなかったし、ＡＳＡとは何なのかも知らなかった。まして、その後の自分が、このすてきな団体とこんなに深く関わることになるなんて、知る由もなかった。ぼくの人生は、病院の記録と、件《くだん》の二冊の本とをきっかけに、ゆっくりと方向を変えようとしていた。でも、ぼくにはなにも見えていなかったし、なにもわかっていなかった。全身に光を浴びながらも、ぼくはまだ闇の中を歩いていたのだ。

こうして、マイラへの手紙を書いているまっ最中、ふと壁の時計を見ると、支部ミーティングへ行く時間になっていた。そこでぼくは車に乗って、コロンバスの児童連盟センターへ向かった。

その緊張することといったら！　なにしろ、何をしゃべればいいかわからないのだ。ぼくがこの会合に参加する目的といえば、ただ単に、もっと情報がほしいから――自分がだれなのか、そして、何者なのかを知るための情報がほしいからにすぎない。一方、参加者のほとんどは、子どものための情報を求めて来るはずなのだ。そんな中、ぼくはどうすればいい？　父親のふりをして、自閉症の子どもがいると言おうか？　それとも、本当のことを白状しようか？

父親のふりをする作戦にはいろいろ問題があった。なぜなら、ぼくを誘ってくれた人はすでに本当のことを知っているのだから、ぼくの話を聞けば大嘘だとわかってしまう。本当のことを言うにしても問題がある。周囲に診断のことを公表したいのかどうか、自分でもまだ心が決まっていなかったからだ。グウェンに対してだけは例外だが、ぼくはもともと、何ごともあまり人に明かすのを好まないたちなのだ。今すぐに結論を出すのはやめようとぼくは考えた。明かすか明かさないか、どうしても決めざるを得ない状況になるまで、結論は出すまい。よほどのことになったら、そのとき考えよう。そう思ったのだ。

「今日は初めての方が多いですね。では、まずは全員、自己紹介といきましょうか」

何てこった。ぼくも自己紹介をさせられるのか。一人、また一人、参加者が挨拶をしていく。

「はじめまして、名前は（　　　）といいます。（　）歳になる自閉症の子どもがいます」

結論を出すべき時がきた。緊張のあまり汗が出る。「はじめまして。トーマスといいます。ぼくは（突然の決断を迫られたがゆえの間）、自閉症の子ども**本人**です」

部屋はしんと静まりかえった。人は驚くと口をあんぐり開けるとかいうけれど、ことばどおり、本当に口があんぐり開くのがいくつも見えた。まわりでは、なにやらささやき合う声も聞こえる。ぼくの中のごく一部分は、「へえ！　こいつはすごいや！」とおもしろがっている。でも残りの部分は、いったい何がそんなに大ごとなのかわからなくて、混乱していた（し、いくらか怖がってもいた）。

みんなは次々と質問してきた。ほとんどの質問は、ぼくにも答えられるものだった。ぼくはすっかり、会合の主役になってしまった。そんなつもりは全然なかったのに。それどころか逆に、本当なら、最初から最後まで、一言も口をきかずに座っていたってそれで大満足だったはずなのに。

会合が終わると、みんながぼくと握手をしに来て、ぼくに会えて本当にうれしい、来月もきっと来てほしいと言っていく。「私たちには、あなたが必要なんですよ」と言うのだ。

はぁ？　なんだって？　このぼくが？　**必要とされてる**だって？　いつからそんなことになったんだ？　ぼくはこれまで、どこへ行こうとたいていはのけ者にされるのが当たり前だったのに、ここへきていきなり、追いだされるどころか逆に**また来てほしい**だって？　生まれてから今日まで、憎まれ、罰を与えられてきた原因と、同じことが理由で、今度は**ほめられてる**だなんて！

そんなややこしいことがあるかい？　ぼくみたいな人間にまた会いたいだなんて、ずいぶんおかしなことを言う人たちだなあ。

そして、何よりも大きな問題は、「で、ぼく自身は、この人たちにまた会いたいのか？」ということだった。自分はこの団体と、どの程度までかかわる気があるのか？　この人たちの主義、信条は？　今まで図書館で読んだ本によると、自閉症という分野には、何かと賛否両論、意見の割れている点が多いらしい。そんな中で、この人たちはどの立場に立っているんだろう？　その立場に立つ理由は？　家まで車を運転する間も、そんな数々の疑問で頭がいっぱいだった。

家に入ると、コンピュータのモニタはスクリーンセイバーに切り替わっていて、アニメーションの花火が揚がっていた。ぼくは腰を下ろしてマイラへの手紙の続きを書きはじめた。たった今の会合のことを知らせようと思ったのだ。ぼくはみんなから寄せられた質問を書き、自分が何と答えたかを書いた。こうして書いているうちに、ぼくは気がついた。この場を離れていたわずか二時間の間に、ぼくは自閉症について実に多くのことを学んでいたのだ。考えてみたら、これまであれだけの時間を費やして、あれだけの本を読んできたのに、さっきの親たちから学んだことの方が多いくらいだった。こうしてぼくはこんな結論に達した。人はときとして、質問に**答える**ことで、質問**する**以上に多くを学ぶこともあるらしい。ぼくはわけがわからず、ずいぶん長いこと考えこんでいた。質問に答えられたということは、すでに答えを知っていたということじゃないか。質問するのは、答えを知らなかったからだ。それなのになぜ、質問するより答える方が勉強になるんだろう？　こんなの理屈に合わないじゃないか。でも……いくらおかしくても、ぼくに起きたことは、実際そのとおりだったのだから。

このことに気づいたおかげで、マイラへの手紙は、当初に予定していたよりはるかに大がかりなものとなった。最初はただ、彼女の本の感想を書くつもりだった。それが今では目標が変わってしまった。新しい目標は、ぼくの目から見たら自閉症とはどんなものなのかを記述することだった。書き終えるころには、長さは五八ページにもなっていた。コピーは一部をマイラに送り、もう一部を、支部の例会に誘ってくれた人にあげた。これで、自閉症という出し物における自分の出番は終わった――ぼくはそう思った。自分が演じたのはほんの端役で、大した影響はないと思っていた。これまで、ぼくなんかが何を言おうと、本気で気にかける人は一人もいなかったではないか。ということは、今だってだれも気にしないはずだと考えるのは論理にかなっていた。これは一九九一年の八月だった。

この手紙は大評判になった（私信なのにこんなふうに論評の対象になることがあるなんて、当時のぼくはわかっていなかった）。評判がよかったので、人から人へと回されることになったらしい。当のぼくは、どういうことが起きているかわかっていなかった。いや、手紙が知らない人の手に渡っていること自体は、一応は知っていた。なぜなら、たまに何人か、電話や手紙で、ぼくの手紙をほかの人に見せたいと言って許しを求めてくれる人もいたから（許可を求められれば、決まっていいですよと言うことにしていた。なにも、自分の人生のことを知らない人に読まれるのがかっこいいとか思ったからではない。ぼくのやったことに多少なりとも**値うちがある**と思ってもらえたんだと思うとうれしかったからだ）。でも、ほとんどの人は黙って読み、黙ってほかの人に渡していた。だからぼくは、自分の手紙がどれほどおおぜいに読まれているかを知らなかったのだ。

それからほどなく、学生街のぼくのアパートにも、実家にも、手紙が次々と舞いこむようになった。それもたくさん、アメリカ全土から（ときには、外国からも）届く。どれも、ぼくのこの「原稿」に対するお礼だった。ぼくはまだ知らなかったのだが、当時の彼らには、手に入る資料といえば、テンプルの本が一冊と、『ジ・アドヴォケイト』に載った記事が数本あるだけだったのだ。この種の洞察や情報がこんなに切実に不足しているなんて、ぼくは知らなかった。

ぼくがこんな悪い人間になってしまった原因と同じものが原因で、今度は**いい**人間になるだなんて、どうしてそんなことがありうるだろう？　手紙が（今や電話も）さらに増えてもまだ、ぼくは頭を悩ませていた。

さんざん考えたあげく、ぼくは悟った。これがいったいどういうことなのか、いくら考えたところで、どっちみちわかりそうにない。わからない以上、一番簡単な対処法は、あまり考えずに楽しんでしまうことだろう。

ぼくは手紙の山の前に戻り、できる範囲で精いっぱい返事を書いた。それから、マイラにもあと二通手紙を書き、最初の一通と合わせて、マイラ三部作と名づけた。三部作のコピーは世界じゅうに広まることになったし、今は、この本の基礎となっている。

それまでにほかの人たちを見てきた経験から、ぼくは知っていた。こういうことがあると、人はとかく舞い上がって、ときには慢心してしまいかねない。自分はそうなりたくない。そこで、そんな事態を防ぐため、ときどき、なにかしら「他人に奉仕する労働」を自分に課すことで、頭を現実につなぎとめようと決めた。カウンセリング・センターでボランティアをしてみたり、ときにはホームレスの人たちのための夜回りに出たりもした。最近は以前ほどたくさんはできなくなったが、これは今も続けている。

それでも、長年の友だちだと思っていた人が二人、ぼくの境遇がこれから大きく変わるのを見越して、見切りをつけたらしい。ぼくはというと、この種のことは、友だちになら打ち明けるのが当然だと思っていたのだ。大事なことを打ち明けないなんて、何のための友情だろう？　ぼくは彼らに、自分の身に起きたことは残らず話したし、そのせいで自分がひどく驚き、混乱していることも打ち明けた。「すごいや。きみはもうじき有名人だね！」と彼らは言った。ところが、友だちならぼくのことを誇りに思ってくれるのが当然だろうに、そして、応援してくれるのが当然だろうに、二人はどういう理由でだか知らないが、もうぼくの友だちでいるのはいやだと考えたらしい。まあ、とにかく、少なくともぼくにはそういうふうに受けとれた。二人とも、それ以来何か月も、電話もくれない、会いにも来ないようになってしまったのだから。二人に会えないことは、今でも寂しい。

でもこのころは、古くからの友だちを失う一方で、新しい友だちもできた。それに、こうしてできた新しい友人たちは、古い友人たちとはちがって、自閉症のことを知っている。だからトーマスのことも、古い友人たちよりもずっとよく理解してくれる。だから、全部ひっくるめて考えれば、すべてはそう悪いことでもなかったのかもしれない。

ＡＳＡの支部ミーティングに何度か参加するうち、協会の本部の委員に立候補してみてはどうだとすすめられた。ぼくは思わず笑ってしまった。「まーたまた。何をおっしゃいますやら」ってなもんだ。そりゃたしかにぼくは、自閉症についてちょっとした文章を書いたことはあるよ。簡単な質問にも答えた。それが何だっていうんだ？　それくらい、だれにだってできる。ぼくは特別でも何でもない。本部の委員になるような器じゃない。委員会に出たって、一分ももたないだろう。じきにつまみ出され、恥をかくんだ。第一、それでなくたって、恥ずかしくてつらい経験なら、これまでにいやというほど積んできた。これ以上は必要ない。

ところが、中の一人が「それはちがうよ」と言いだした（じきに、ほかの人たちも彼に加勢しだした）。「だれにでもできることなんかじゃないよ。君はたしかに特別なんだ。自閉症からのがれることができたんだから。そういうことは、なかなかないことなんだ。うちの子が君のようになれるんなら、ぼくは何だってするさ。君はまさに奇蹟なんだよ。そしてぼくは、君と知り合いになれてうれしいし、誇らしい。君のことを友だちとよべるなんて、本当に鼻が高いよ」

何を言うんだ？　ぼくが奇蹟だって？　そんなの嘘だ！　それが本当なら、両親にだって、あんなに罰を受けることはなかっただろう。そんなことが本当なら、両親がぼくのことを誇らしく思ってくれてたはずじゃないか！

この人たちの言うことに少しでも理があるのかどうかを知るには、調査を行なう必要がある。ぼくはマイラに電話をかけた。マイラの答えは、基本的に、その人の言うことは一言一句まで本当だというものだった。それからぼくはグウェンに電話をした。グウェンは自閉症のことはまったく知らないにもかかわらず、やはり賛成のようだった（おかげでぼくは、自分はグウェンと初めて会ったとき以来、いったいどんなふうに進歩したっていうんだろうかと自問することになった）。本ももっと読んだ。記事ももっと読んだ。もっとおおぜいの専門家とも話した。こうして、どうやらみんなの言うことも当たっているようだと思われた。もしかしたらぼくは、自分で思っているより、かなり恵まれているのかもしれない。

それでもなお、本部の委員にはなりたくなかった。そういうのはぼくには向いていない。飛行機で全米を飛び回るだって？　知らない人がおおぜいいる部屋に、一日じゅう座っていなきゃならないんだろ？　ややこしい議題について、投票するって？　いやだ、いやだ、いやだ！　もし……ええっと、失敗したら？　どうなっちゃう？　そんな危険を冒す値うちはないよ。ぼくは丁重にお断りした。そんなのむりだ。とにかく、どうしようもなく怖かった。それに、全国組織の中央の委員なんかになれる人間じゃない。ああいうのは、本物の特別な人々、重要な人々がなるものだ。ぼくはちがう。

一方、その間も、自閉症について手に入る物なら何でも読むのは続いていた。でも、それだけでは足りない。本はただの本。たしかに知識は載っている。でも、初めて近所の支部の会合に参加したあの日、ぼくは気づいていた。自分は本を読むより、人と話す方が多くを学べるのだ。そのことから、こんな思いつきが浮かんだ。もしかしたら、委員になるのも一つの手なんじゃないか？　自閉症の正体について、業界の動向について、自閉症のケアに使われるさまざまな手法について、本部の委員たち以上に詳しい人々がいるだろうか？　これこそ、ぼくの求めてやまない情報じゃないか！　ぼくは、少なくとも挑戦するだけはしてみようと決めた。だってだれにも借りはないんだし、縛られることもないはずだもの、平気だよね？

オハイオ州ヤングタウンから電話がかかってきた。地方支部の大会に招待したいという。ぼくは承知した。自閉症のことを知ってる人たちとたくさん知り合いになりたかったからだ。主催者の話だと、ゲストで講演をする人も自閉症で、先ごろ本を書いたばかりだという。ぼくはずいぶんねたましい気持ちになった。ぼくも、自分としては絶対、文章がうまいつもりでいたからだ。どうしてぼくは、本を書いてくださいと頼まれないんだろう？　そうはいっても、自分と似た人に実際に会えると思うと、楽しみでたまらない。ぼくにとっては初めての経験なのだ。

ぼくの車は、大会の会場に着いたまさに直後に壊れた。ぼくは会場に入り、特別ゲストの隣に座った。特別ゲストの名前は（当時はまだ無名だったが）、ショーン・バロンといった。後になって、ショーンとお母さんの書いた本、『There's A Boy In Here』はベストセラーになる。

ぼくはすぐにこの男が好きになった。何というのか、どこか独特のものがあるのだ。もしかしたらそれは、これまで会ったどんな人よりも、自分と共通のものを感じたせいかもしれない。

ぼくらは二人とも、みんなの前で話をした。二人とも、こんなことは初の体験だった（余談になるけれども、ショーンもぼくも、このあとだんだんと講演を頼まれるようになり、評判も上がってきた。その記念すべき第一回を彼といっしょに経験できて、誇らしく思っている。ショーンには会いたくてもなかなか会えないし、話ができる機会も少ないのだけれど、それでも彼のことは友だちだと思っている）。

悪夢のような思いをして車を修理してもらい、コロンバスに帰ると、郵便で一〇〇ドルの小切手が届いていた。控えには「講師料」と書いてある。今度は何だい、ただおしゃべりをしただけでお金をくれるっていうのかい？　たとえ頼まれなくたって、こっちがやりたかったことなのに？　ここにきてぼくは、もしかしたら、こと自閉症に関しては、自分はそれなりに役にたつことを知っているのかもしれないなと思いはじめた。だから、委員の件についても、この小切手のおかげで決断が楽になった。ぼくは何人かの人たちに電話をして、推薦を頼んだ。候補者になるには三人の推薦が必要だったから、六人を集めた。

ぼくは書類に記入し、提出した。開票の三日前までは、自分はきっと当選すると思っていた。ところが三日前から、心配になってきた。その上、当選するのと落選するのと、どっちがより悪いか、わからなくなった。当選すべきか、せざるべきか。それが問題だ、というわけだ。そうしたら、ある晩の一一時半ごろ、当時のＡＳＡの会長が電話をくれて、留守番電話にメッセージを残してくれた。ぼくは本当に当選していたのだ。会長はアルバカーキーで開かれる全国大会に招待してくれた。それからほどなく、マイラへの手紙を読んだというジュリー・ドネリーから連絡があり、全国大会では自閉症成人の分科会で発言してほしいと頼まれた。

地方支部の大会で発言するのはまだわかる。でも全国大会となると話は別だ。いったいぼくはどうなってしまったんだろう？　どうしてこんなにいろんなことが起きるんだ？　それに、メラニーと結婚していたら、今みたいなことは起きていただろうか？　このときになって初めて、メラニーと別れたのも、あれはあれで気にしなくてもいいのかもしれないという気がしてきた。彼女と別れたからといって、この世の終わりが来るわけじゃないんだと思えてきたのだ。

アルバカーキーは最高だった。天気は完璧。山々も完璧。大会も完璧。どんなにがんばったところで、これ以上の場所は選べなかっただろう。大会の前日、ぼくはホテルから会場まで下見に行ってみた。これくらい、うまくやれるさという気がした。ぼくは今や、本部の委員じゃないか。だれがぼくを止められるだろう？

そこでは別の団体の会合も同時に開かれていた。「国際同性愛者スクェアダンス同好会」の大会だった。これには最初は驚いてしまった。だが、アルバカーキーで数日をすごすうち、本当はそれほど驚くことでもないはずだとわかってきた（アルバカーキーのすてきなところは、多文化が共存している点なのだ）。ぼくは少しばかりその大会の会場も見て回った。二回ほど男の人に口説かれたり、すばらしいスクェアダンスを見物したりしたが、何より気に入ったのは、会場で売っていたカンバッジだった。「ぼくをチョコレートにひたして、レズビアンたちに投げ与えてくれ！」と書いてある。ゲイの友だちへのお土産に一つ買って帰りたいという激しい誘惑にかられてしまった。

大会のあいだ、ぼくはずっと、俳優のウィリアム・クリストファーの姿をさがし回っていた。彼がこの大会に来ることは聞いていたから、会ってみたかったのだ。ぼくは昔から「M★A★S

★H」の大ファンなのだが、それも、ムルケイ神父によるところが大きい。ムルケイはただ静かに背景にいるだけで、ほとんど目立たない。でも本当は、四〇七七部隊をまとめ、崩壊から守っていたのはムルケイだった。ぼくはそんなムルケイ神父を尊敬していた。四〇七七部隊にあれほど多くを捧げ、見返りなどほとんど求めない。ただ神さまに仕えていられることで満ち足りている。彼にとって大切なのは、神のために働くことだけ。あの信心深さは見上げたものだと思った。だから、そんな登場人物を演じていた俳優っていったいどんな人なんだろうと、よく考えたものだ。

とうとうウィリアム・クリストファーの姿を見かけたのは、ある晩のこと。彼は廊下を歩いていて、デヴェルー基金が主催する懇親会へ向かうところだった。この催しものは招待された人しか入れない。ぼくは招待状を持っていなかった。すると、ノースカロライナのＴＥＡＣＣＨプログラムの指導者として名高いゲイリー・メジボフ氏が、親切にも、ぼくが入れるように取り計らってくれた。

ところが、ぼくはたちまち、自分はひどく場違いだという気持ちに襲われた。部屋には、自閉症の世界の有名人が勢ぞろいしている。そんなところで、ぼくなんかがいったい何をしているんだ？　みんなは背広を着てネクタイをしめている。こっちはジーンズ姿。ぼくはすっかり圧倒されてしまった。この同じ部屋で、歴史に名が残るような人々が集っている。偉大なるものに取り巻かれている感じがした。書物を書いた著者がいる。専門家がいる。活動家がいる（一人でこれら三つを全部兼ねている人だっている)。みんな、自閉症という大義のために尽力し、無数の子どもたちの生活を改善し、その業績は後世まで語りつがれるはずの人ばかりではないか。

このときのことだった。本部の委員になるとはどういう意味を持つことなのか、どんな責任を伴うことなのか、にわかに悟ったのは。そして、ひたすら家へ帰りたくなったのも、このときだった。

とてもじゃないが順応できるとは思えなかった。プレッシャーも責任も、大きすぎる。テンプル・グランディンに会い、彼女のなしとげた仕事のことを思うと、畏敬の念に打たれて立ち尽くすしかできなかった。自分など、この人に追いつけるんだろうか？　彼女のこなしていた仕事を、ぼくなんかが引き継ぐことができるのか？　あんな仕事、どうすればできるんだ？　彼女みたいに、自閉症の人々を代表して意見を主張するには、何をすればいいんだろう？

幸い、ぼくはとても恵まれていて、何とか答えを見つけることができた。とはいえ、すぐにとはいかず、しばらくは試行錯誤することになったのだが。そして、今でもなお、ときとして、彼女にくらべたら、ぼくなど役に立っているといえるんだろうかという気持ちになる。テンプルさんは本当にすごい人だ。

ここで一年ほど飛ばして、一九九三年にトロントで開かれた国際大会へ話を移そう。それまでの一年間、ぼくは委員会に出席したり、あちこちの地方大会で講演したりで、移動つづきの日々を送っていた。

そしてある日、クロゼットを開けてみたら、古いギターにホコリが積もっているのが目に入った。ずいぶん長いこと置きっぱなしになっていたのだ。ぼくはギターを手にとり、自作の曲をいくつか弾いてみた。どれも、作ったのは大昔のことだと思うと、ため息が出てしまった。自分はもう、あのころの自分じゃない。この歌を作ったのとは、別人になってしまったんだ。

ぼくは腰を据えて、自閉症についての歌を作ろうとしてみた。音楽と運動とをうまく組み合わせる方法が見つかるものかどうか、実験してみるのもおもしろいと思ったのだ。だが結果は悲惨だった。昔のぼくにはあった歌を作る能力が、すっかり消えている。何と、苦労して、努力しないと作れないのだ。こんなことは、前にはなかったことだった。そして、苦労して努力してもなお、できた曲はあまり大したものではなかった。

橋を架けてくれ

ずっとわかってた　きみとぼくとは
そもそも　同類ではないんだって。
だからそのころは　夜になると星を見上げて
ぼくのふるさとはどれだろうって思ってた。

だってきみは　ぼくとは別の世界の住人みたいだし、
その世界は　ぼくには一生わからないだろうから。
ただしきみが　橋を架けてくれたら、橋を架けてくれたら別だけど、
愛するがゆえに、ぼくのために橋を架けてくれたなら。

ぼくは待ち望む　きみがほほえみかけてくれる日を
万華鏡みたいなぼくの目の奥ふかくには
ちゃんとした人間が、知性もある人間が
隠れているのだと気がついて。
ぼくはなにも悪いことなどしていなくても
変な目で見られてきたのだから。
橋を架けてくれ、橋を架けてくれ、
それも　あんまり待たせないで。

恐怖で限界すれすれを生きてる。
ぼくの耳では人々の声が　雷鳴みたいにこだまする。
ぼくが毎日　隠れてばかりいるのを知ってるだろう。

これはただ　恐怖が去るのを待っているだけなのさ。

ぼくだってきみたちの世界に加わりたくてたまらない。
ぼくだって克服したくてたまらない。
そのためには　ただ　橋さえあればいい。
ぼくのところから　きみのところへ　渡れる橋。
そうしたらぼくは　いつまでもきみとくらすだろう、
二人を引き裂くものなど　なにもない。
きみが橋を架けてくれたなら　小さな　ささやかな橋を
ぼくの魂から　きみの心の奥底へと届く橋を。

この歌には、ほかの歌にはあった「不思議な力」が欠けていた。昔の歌を思い出してみれば、あの不思議な力の正体は何だったのかわかるんじゃないかと思ったが、それもだめだった。昔のあの歌たちがすてきな歌になった理由はただひとつ。作った人に才能があったからだ。その人は、もういない。ぼくはその人の去った後に居座っているだけ。

あの曲を作ったのはいったいだれだったのか、彼は今どこにいるのかはわからない。でも、彼の思い出をしのんで、彼の作品の中から、すぐれた歌詞を選んで本書の後半に載せておいた。

トロントの大会では、ぼくは最終日の最後に発言する予定になっていた。最後だなんて、あまりうれしくない。ぼくの番が来るころには、みんな連日の発表や話し合いですっかり疲れきっているはずではないか。ぼくは、みんなに楽になってほしいと思った。何か思い出になること、気楽なことをやりたい。気分転換になるような時間にしたい。それまでの一週間とはちがって、ノートをとったり、メモをしたりしなくてすむような、カジュアルな時間にしたい。

そこで、歌を歌うことにした（ほとんどの人は知らないことだが、実は、この曲の最後の連など、出番の数時間前にホテルの部屋で書いたものなのだ）。ぼくの持ち時間が終わると、みんなはぼくのテープを求めて、まっすぐ売り場へ向かった。ぼくから見れば、あまりたいしたことのない歌なのに（その評価は今も変わらない）。ぼくが歌ったのは、あくまでも、疲れきっている参加者に一息入れてもらうためにすぎないのに。

今でもこの曲は、トニ・フラワーズ氏のスライド発表のＢＧＭとして使われているし、ダイアン・トゥワッチマン氏もアスペルガー症候群の来談者のセラピーの中でこの歌を使っている。それから、この大会の会場で売られていたテープの中では、ぼくのテープが一番たくさん売れたとも聞いた。これは、自分でもなかなかたいしたものじゃないかと思う。国際大会の最終日の最後にしては、悪くない。

5 自閉症について説明しよう

もう一つの現実（AR） それはある日突然、降ってきた。コンピュータをモデムに接続してチャットをしてる最中に、突然、そうか、ことばでも説明できるぞと思いついたのだ。ここで、ぼくにとっての自閉症、迷路の内側から見た自閉症について、いくつか説明しよう。ほんの数項目だけは、詳しく書こうと思う。

しゃべること しゃべることは、ぼくにとってはむつかしい。「まとも」に見せかけることもしようと思えばできるけど、それにはかなりの努力とエネルギーがいる。

困難の度合いは変動するもので、ひどいときもあれば、さほどでもないときもある。この変動にはほとんど規則らしきものは見られない。ただし、ストレスがかかわっていることだけはわかっている。

今でもまだ、自分ではしゃべりたいのにしゃべれなくなることはある。がんばってもがんばってもがんばっても、やはりしゃべれない。恐怖に止められてしまうのだ。いったい何が怖いのか、自分でもわからない。わかるのは、ほかのどんな恐怖とも似ていないということだけだ。しゃべりたくないわけじゃない。とにかくそのときには、しゃべることが**できない**のだ。

あるお母さんに、こうきかれたことがある。うちの子は、何の問題もなくしゃべれるときもあるかと思えば、ちっともしゃべれなくなるときもあるんですが、なぜでしょうというのだ。これまでたくさんの人がこの謎を解こうとしたけれど、頭をぽりぽりかくばかりだった。ここでぼくは、個人的な経験にもとづいて、ぼくなりの仮説を紹介しよう。

ぼくの考えでは、自閉症の人の感情で主流を閉めるのは恐怖なんだと思う。自分は何を怖がっているのか、本人にはわかっていないことが多いのだが、ぼくは、この恐怖は感覚のオーバーロードのせいだと思う。誰のことも信用できない状態だ。

ところが、ときとして、すべてがとても静かで、穏やかで、感覚刺激がほとんどゼロに近く、恐怖が薄らぐ時がある。あるいは、そのときやっている行為にはまりこむあまり、恐怖など感じられなくなるときもある。ほんの少しのことなのだが。ぼくの意見じゃ、彼らが思いきって口を開くのは、こういうときなんだと思う。そんなときの彼らは、自分の中で暴れている魔物と決死の闘いをしているのだ。たとえ、出てきたことばはわずかでも、勝利にはちがいない。ある意味で、その人は闘いに勝ったのだから。だからまわりの者は、思いきり評価してあげるべきだ。彼らのなしとげたことは、決して簡単なことじゃない。この闘いは、よほど強い人間にしかできない闘いなのだ。

変化　ぼくは変化が大きらいだ。これまでもずっと嫌いだったし、これからもずっと嫌いだろう。

変化は避けることができない。それはわかってる。ずっと変わらないものなんてあり得ない。それでも、物ごとが同じで変わらないと、安心感がある。前と変わっていなければ、「どこで？」「いつ？」「どんなふうに？」がわかる。ときには、「なぜ？」さえわかることもある。ところが、変化が起きると、こちらは改めて適応をやり直さなくちゃならない。ぼくにとっては、決して易しいことではない。

そしてときには、変化を怖れる気持ちが強いあまり、ぼくの脳みそはとんだイタズラをやらかしてくれることもある。

たとえば、食料品の買い出しに行った場合。ふだんのやりかたはこうだ。まず、その日の予算を決める。そして、値段を計算しながら、予算内でおさまるように品物を取っていく。確実に予算内におさまるよう、端数は切り上げながら足し算していく。そして、合計額がその日の予算に近づいたら、レジへむかう。たぶん、たいがいの人はこうやっているんじゃないだろうか。

問題が起きるのは、レジに並んでいるとき。レジ係の店員さんは値段を打ちこみ終わると、恐怖の質問を発する。「袋は、ビニールにしますか、紙袋にしますか？」というやつだ。この質問をされると、どう答えたらいいのかわからなくなる。突然、「これで、買った物の値段が変わってしまったのではないか？　どれを返品するか、選ばなくてはならなくなって、ひどい恥をかくのではないか？」という恐怖に襲われるのだ（ショーン・バロンはかつて、ドアを開け閉めするとき、「本当に前に見たときと同じ形が保たれるのか?」と不安で、何度も開け閉めをくり返していたというけど、それによく似ていると思う)。今のぼくは、この手の恐怖はまったく非合理なものだと知っている。だから、何とか平静を保とうとして、「この宇宙の物理の法則から言って、A地点(陳列棚)からB地点(レジ)へ移動するだけで品物の値段が変わるなんてあり得ない」と自分に言い聞かせてみたりする。こんなことをしてもめったに効果がなく、ぼくは冷汗をかくことになる。これまで何度となく買物をしてきて、計算をまちがえて予算が足りなくなった経験はたったの一度しかないはずだ。でも、そのことを思い出してみても、楽にはならない。

聞くところによると、これは普通の人にもよくあることだとかいう話だが、どうしてそんなことがありうるのか、ぼくにはよくわからない。だって、もしそうだとしたら、だれもが、日々の買物といった簡単なことを恐怖に感じていることになるではないか。

眠ること　眠るのは大変だ。眠りにつくのがむつかしいし、眠った状態を保つのもむつかしい。でも、役にたつ方法はいくつか見つかった。

ある日、友だちが遊びに来て、泊まっていくことになった。彼はぼくのベッドに置いてあったクマを一つ借りて、こう言った。「女の人といっしょに寝られないのなら、二番目にいいのはクマだよね」ぼくも大賛成だった。ぼくのベッドはクマで埋めつくされている。

ぼくがどこかへ旅するたび、クマもいっしょに旅をする。一九九三年にトロントで開かれた国際自閉症会議のとき、ぼくの泊まっているホテルに来て、部屋を覗いていった人が二人ばかりいた。聞いた話だと、その二人は、高機能自閉症の人の客室ってどんな感じなのか知りたかったらしい(?)。彼らがまっ先に見たのは、ベッドの上のクマだった。彼らはそのクマを見て、うーん、何というんだろう、「それらしい」と思ったそうだ。二人は何も触りはしなかった。ただ、見まわしただけで帰っていった。ぼくがそのことを聞いたのは後になってからのことだが、そうやって覗きたがる人がいるなんて、おもしろい話だなと思った。

ぼくにとっては、眠るとき、熱がとても大切だ。寒いと、眠りにつくことができない。以前は、毎晩、電気毛布を使っていた。夏でも使っていた。子どものころ、うちの両親は、なぜぼくが電気毛布をつけっ放しにしているのか、理解に苦しんでいた(火事を出すんじゃないかと、いつも心配していた)。でも、目盛りは最強にしていたわけではない。たいていは2か3にしていた。ぼくはただ、気持ちよくすごしたかっただけで、電気毛布はその方法の一つだった。今のぼくはもらい物のウォーターベッドを使っているが、たいていは設定を九五から一〇〇の間にしている。ときには、もっと高くすることもある。

ときには、何をどうやっても眠れないこともある。そんなときは、アクチフェッドかベネドリルを飲む。ときには、ナイクィルのこともある。これまで、ふつうに「睡眠薬」とよばれている薬はいくつも試してみたが、どれもぼくにはよくなかった。抗ヒスタミン剤を飲むと、みごとに意識を失ってしまう。とはいえ、たいていは推奨される量よりたくさん飲まなくてはならない。

これをやるのは、あくまでも、最後の手段と決めている。

そのほか、経験で気づいたことだが、泣き疲れて泣き寝入りするのも役にたつことが多い。眠りにつくのも大変だが、起きるのも楽ではない。頭と体が何の相談もなく、てんでんばらばらに動いているような感じがする。目がさめても、頭がちゃんと働くまでには何分かかかる。頭がすっきりしないうちから体を動かしたり、活動をはじめたりするのは、ひどくつらい。

少しでも楽に起きるために役だつとわかったものに、声の出る時計がある。上についてるボタンを押すと、女の人の声で現在時刻を読み上げてくれる。「ジコクハ　ゴゼン　クジ　サンジップンデス」というわけ。目の焦点を合わせようとがんばるより、手を動かしてボタンを押す方が簡単なのだ。このやりかたのせいで、「怠け者だな」と言われることもある。でもそれはちがう。このやりかたを採用するのは、わーーっと叫びだしたい気分を防ぐために、必要なのだから。

性欲　ぼくには性的衝動がない。全然ない。おかげで、ほかの男の人たちがセックスのことを話しているとき（それも、どうやら、かなり多いようだ）、話を聞いても理解するのは非常にむつかしい。みんな、なにかというとそこらを歩いている女の子を欲望のまなざしで見ている。ぼくにはそれがわからない。ぼくだって、きれいな子は好きだ。その点はみんなとかわらない。かわいい子がいると、「あの子、かわいいな」と思う。ただし、それでおしまい。男の人だろうと、女の人だろうと、子どもだろうと、動物だろうと、相手がどんなことをしてくれようとも、ぼくは興味を動かされない。このことは、メラニーとつき合っていたときに問題になった。ぼくだって、彼女を抱きしめることはちゃんとできる。でも彼女は、それ以上のことを求めていた。それを満たしてあげることは、ぼくにはどうしてもできなかった。結婚の晩には床入りをすると約束はしたものの、あのまま結婚まで進んでいても、約束を守れていたかどうか自信がない。衝動とか、欲求とかいったものが、ただ、ないのだ。

あれは一九九一年の大晦日のことだった。ぼくは、オハイオ州レイノルズバーグにあるブランディの家で開かれた年越しパーティーに行った（そこでどんなことがあったかは詳しくは触れない。ごく標準的な年越しパーティーを想像してもらえれば、だいたいのところはわかるだろう）。夜が更けるにつれ、人も散りはじめ、ブランディは寝室へ入って横になった。ぼくも同じ部屋に入り、ブランディの隣に横たわった。ブランディのお嬢さんも入ってきて、ぼくの隣に横になった。そのまま時間がたち、ブランディの娘さんはぼくの手を握ったまま眠ってしまった。ブランディはぼくの肩を枕にして眠っている。つまりぼくは、かなりきれいな女性二人にはさまれて、ベッドで横になっていたことになる。ぼくはちょっと頭をもたげて、二人の寝顔を見ながら「おいおい、こんな姿を見られたら、相手が悪けりゃ殺されかねないぞ。知ってるやつでも、そんな男は何人かいるもんな」と思った。でもぼく自身は何も感じなかった。この二人が身をすり寄せてくれるのはすてきだけど、ぼくにはこれが限界なのだ。二人のうちのどちらかを（両方でもいいけど）「ほしい」と思うって、どんな感じがするんだろう？　ぼくは想像しようとしてみた。たいていの男の人は、こんな状況に置かれたら、きっとそうなるんだろうから。想像してみた結果、どっちかというと、ほんのちょっとばかりいやな気分になった。ブランディはかわいい。クリスティンもかわいい。でも、かわいいということが、ほしいという衝動には結びつかない。かわいいということは、単に、かわいいということでしかないのだ。

食欲　性欲がないのと同様、食欲も抜けている。空腹って何だろう？　ちゃんとわかっているのかどうか、自分でも自信がない。何か食べなくてはという必要を感じることは、全然とは言わないにしても、ほとんどない。それに、食べてもむかむかしない食べ物も、とても少ない。食べられないものが多いと、何かとやっかいなことになりやすい。とりわけ、人づき合いの席では困ることが多い。自閉症の人々がときどき特定の食べ物をひどく嫌うことは、いろんな文献にもよく書かれている。ぼくも例外ではない。食べられない物がとにかく多いから、嫌いな物をあげるより、好きな物を並べる方がずっと簡単だろう。まず好きなのはピザ。ピザはシンプルでなくてはならない。できればチーズだけのがいいけど、人とのおつき合いなどで、どうしても必要とあれば、ペパロニサラミが乗っているくらいは何とかがまんできる。ホットドッグとハンバーガーも好き。ただし、外のパンは抜き。パンがついていると味が台なしになってしまう。できることなら、スライスチーズが一枚か二枚乗っているとうれしい。チーズに関しては、スイス至上主義者だ。マカロニ・アンド・チーズ（既製品より、手作りの方がいい！）、ロマノフ・ヌードル、クリームソースと粉チーズのフェトゥチーネも好き。どれも、ツナとかよぶんな物を入れずに、具なしでなくてはならない。マッシュポテトも好き(インスタントより本物の方がいい)だし、母の作るデヴィルド・エッグとミートローフも好きだ。ただしこれは、ほかのみんなにも人気がある。牛乳は真っ白はいいけど、チョコレート味はだめ。粉末ジュースのクールエイド(レモン、オレンジ、グレープ、ワイルドチェリー、それに、パープルザウルス・レックスはみんなが知らないうちから作ってた)と、ハワイアン・パンチも好き。牛のリブステーキもとてもおいしいけど、同じ骨つきでもTボーンステーキはあまりおいしいと思ったことがない。食べられる物は以上。とはいっても、きっと一つか二つ、忘れているはずだけど。それから、死ぬまで二度と口にしないというくらい大きらいな物は二つ。レバーとライマ豆だ(だれがぼくを責められる?)。

トイレ・トレーニング　うちの子はトイレ・トレーニングがうまくいかなくてという話は、たくさんのお父さん・お母さんから聞かされる。そんなときぼくは、〈痛覚〉が原因になることもあるから、いちど検討してみてくださいと頼むことにしている。ぼくは子どものときトイレの自立が遅かったのだが、主な原因の一つは、トイレに座るのがどうしようもなく痛いからだった。

家族　ぼくはあちこちで、半分冗談でだが、「わが一族は実におかしな人たちでね」と語ってきた。もちろん、両親だって例外ではない。

母は今でも、ぼくが自閉症だなんて、病院じゃ一度も言われたことがないとガンコに言い張っている。実際のところ、ぼくに言われるまで、息子が自閉症だとは知らなかったのだそうだ（父も同じことを言っている）。ぼくは子どものころ、あちこちの病院を連れ回され、そのたびに「これはＰＤＤですね」と言われてきた。あれだけおおぜいの「専門家」に診てもらったのなら、中に一人くらいは、種明かしをしてくれて、自閉症ということばを使い、**少しは何かしら**説明してくれた人がいそうなものだと思わない？

母は大のスポーツファンで、いつ見ても、リビングのお気に入りの椅子に座って、スポーツ専門チャンネルを見ながら編み物をしている。友だちか家族か親戚のだれかに、帽子か掛けぶとんか肩掛けを作っているのだ。ぼくは母のスポーツ好きを受け継がなかった。共通点はただ一つ、シンシナティ・レッズが勝ったと聞かされると決まってうれしくなることだけ。でも、ピート・ローズがいなくなった今では、それもわりとどうでもよくなってしまった（ピートはかつて、ぼくのヒーローだったんだ。あんなことになってしまうまではね……）。

昔は、いろんなことが今とはちがってた。とはいえ、時間がたてばそれだけ記憶は変わっていくから、どこがどんなふうにちがってたのか、今じゃあまりはっきりとはわからないのだが。でもこれだけはたしかだ。施設から帰ってきた当初と今とでは、母とぼくとの関係は大きく変わった。ぼくとしては、もっといい関係に変わっていくといいなと思うのだが、時間の流れと共に、そんなのはむりなんだろうなとあきらめてしまった（母もきっと同じだと思う）。

困っているのは、これまでのつらかったことは全部ぼくのせいにされること。母の中では、ぼくは悪い子だったことになっているのだ。いや、少なくとも、母の言いかただと、そんな気がしてきてしまう。あるいは、もしかしたら、えらい人たちにそう言われつづけてきたせいかもしれない。ぼくはずっと、自分のような困難は、だれもが当たり前に経験することなのだと思っていた。そして、どういう理由でだか、ぼくはみんなよりも対応がへたなんだろうと思っていた。ようやく診断名を知ったことで、肩の荷がおりた。

母の弁護のために書いておくと（それに、これを書かずにこの本を出版したのでは公平さを欠くだろう）、母が正しい診断名を知らなかったおかげで、いくらかは良いこともあった気がする。ぼくは子どものころずっと、いろいろお仕置きをされて、「正常」のまねをすることを強いられた。ぼくは当時も正常ではなかったし、今も正常ではない。でも、どうしても必要に迫られたときは、うまくごまかせると思っている。これができるのは、母に強いられて覚えたおかげだ。だから、ある意味では母にも恩があると言えるのかもしれない。

さて次は父。父も母と同じく、ぼくの中で悪さをしてる物の正体を、いまだにはっきりわかっているようには思えない。でも、父は物わかりのいいところを見せようとがんばってくれているし、助けてやろうという気持ちも強いみたいだ。『ジ・アドヴォケイト』をはじめ、ニューズレターのたぐいが家に届くと、まっ先に読むのは父だ。ときどき思うのだが、父はぼくのためだったら、何でもしてくれるんじゃないだろうか。ぼくが感謝していることは父には通じていないこともあると思う。でも、本当はありがたいと思っている。父のそういうところは、とてもりっぱだと思ってる。父はぼくを愛してくれるだけじゃない。子どもたち全員を愛している。そして、愛されているという実感が子どもたちに伝わるよう、はっきり表現するのが好きなのだ。

父には超人的な才能がいろいろある。一つは（これはぼくのお気に入りで、見れば絶対びっくりする）、見るだけで車の不調を直してしまえること。本当にすごい。修理らしい修理をするわけじゃない。ただボンネットを開けて、覗いて見るだけ。ときどきは、配線の二本や三本、ほんのちょっとなでてやることもあるけど、それだけで車は直ってしまう。残念なことに、父にこんな特技があると知ったのはずいぶん大きくなってからのことだったので、子どものときは父が腕をふるうところを見のがしてしまった。

それでは、次は上の兄、チャーリーの番だ。このごろになって、ぼくは少しずつ、チャーリーのすごさがわかるようになってきた。なんといっても、彼には五人も子どもがいるのだ。下は六歳から、上は一一まで。これでどうやってちゃんとやっていけるのか、ぼくにはわからないよ！

育ててる子の一人は、チャーリー自身の子じゃないのだが、今のところ、法的にチャーリーが保護者ということになっている。ジャスティンという男の子で、ちょうど四つになったばかり。ルースの姪が生んだ子だ（ルースというのはもちろん、チャーリーの奥さんのこと）。

チャーリーはしだいに、キリスト教徒としての信仰を深めつつある。そしてぼくはというと、このかわいい五人の子どもたちを通して、兄との間にも、兄弟らしい関係を育てつつあるところだ。本当だったら、ずっと前からこうでなくてはならなかったのに。ぼくとチャーリーがこうして親しくなっていけば、父の夢である一家再会に一歩近づくことになるのかもしれない。でも、そうだとしても、父の夢がかなうまでには、まだまだしなくてはならないことが山ほどあるから、これなどはとても小さな一歩でしかない。それから、これも言っておきたいのだが、家族の中で、ぼくが一番愛していて、一番信頼しているのは、ルースなのだ（きっと、これからもずっとそうだろう）。ルースはこのままのぼくを受け入れてくれる。わが家では、ルース以外にこれを求めるのはとてもむつかしいことなのだ。

さて、次はもう一人の兄、ジェイムズ。でもジェイムズについては、書くことがない。彼にはもう一三年会っていない。これからも、近いうちに会えそうな兆しもない。悲しいことだ。父の夢どおり、一族再会を実現させるためには、何よりもまず、疎遠になった息子が帰ってこなくては始まらない。

それから次がメアリー。やさしくて、かわいくて、頭もよくて、魅力的な、非のうちどころのないメアリー、ぼくの妹だ。わが家で問題らしき問題を起こしたことがないのは彼女だけで、いつも小さな天使だった。成績もずっとA。小学校、中学高校はもちろん、大学に入ってもまだAだった。教育を専攻して学士号をとり、今はしっかり仕事をこなしている。ぼくもそうですって言えたら、どんなにいいだろう！

わが家系については、そのほか、母方の遠縁にビング・クロスビーがいる。それから、父方の先祖には、独立宣言の署名にも名前が出てくるトーマス・マッキーンがいて、ぼくの名前はここからとられた。

うちの家族については、ざっとこんなところだ。経済的な面では、自閉症のぼくにとっては理想といえるくらいの援助をしてくれたが、精神的な援助はというと、少しばかり少なかった。だから、もうずっと前から、精神面で支えがほしければ、どこかよそをあたる習慣になってしまった。とはいえ、家族が自閉症のことを少しずつわかってきているので、精神的な援助の方も、良くなりつつある。もしかしたら、この本ができあがれば、これも役にたつかもしれない。

社会の反応　ぼくはずっと前から、自閉症に対して、そしてトーマスに対して、社会がどんな反応を示すかに関心を寄せてきた。どちらもすごくおもしろい。たとえば、ずっと以前は、ぼくは性欲がないことを笑い物にされていた。悪口を言われることもあれば、残酷ないたずらをされることもあった。ところがのちにエイズが登場すると、事情が変わった。今では、君みたいになれたらいいのに、君みたいにホルモンにふり回されずにすんだらいいだろうなどと言われるようになった。

自分も「自閉症になる」にはどうしたらいいのかときかれたことも多い。自分を変えたいあまりにこんなものまでほしがるなんて、ずいぶん極端な話だなと思うと、（もう少しで）笑ってしまいそうになる。ほかのどんな人についてもいえることだが、外から見える部分だけがトーマスという人間のすべてじゃない。なのに人はときとして、それを計算に入れるのを忘れてしまうらしい。ぼくはべつだん、治りたいとは思っていないが、その一方で、今よりもほんのちょびっとだけ「正常」に近いところあたりにいけたらいいなとも思っている。そして、ぼくが権利擁護の運動にたずさわっている理由の一つは、ほかのことが何もできないからで、そのことを否定したことはない。

伴侶がいれば、きっと人生はもっと楽になるだろう。それに、みんなにもしじゅう「いつの日か」きっと、だれか特別な人が見つかるよと言われつづけている。でもぼく自身は、もうむりだろうなとあきらめてる。それに、今そんな人が見つかったとして、関係を築くだけの時間がとれるかどうかもわからない。自分のことだけでも問題がたくさんあって、ほかの人のことまで心配する余裕はない気がする。もしかしたら、自分の問題がいろいろ解決できた暁には、相手を探しはじめるかもしれない。今のところは、権利擁護の運動に全エネルギーを注いでいる。自らの悪い点を直し、運動家としても有能な人になって、もっとたくさんの成果をあげられたらと思っているのだ。今のぼくにとって伴侶とよべるのは、お母さん・お父さんや専門家たちから寄せられる手紙や電話、それに、図書館で借りてくる数えきれぬほどの本だ。とにかく知識がほしくてたまらない。でも、学校というところはあまりこっちの都合に合わせてくれそうにないことがわかった。だからぼくは自分のペースで、できるところまで独学でやろうとがんばっている。今のところ、このやりかたは合っているみたいだ。ただ一つ残念なのは、この方法だと、あの「卒業証書」とかいう紙切れがもらえそうにないことだ。われわれの社会では、卒業証書がとても重視されているというのに。

ぼくだってだれかと結婚すればりっぱな夫になれると思いたい。メラニーとつき合っていたときのぼくは、どこまでも彼女に忠実だった。彼女の前の夫とはちがい、ぼくにはこれっぽっちも、メラニー以外の人生といっしょにすごしたいという気持ちはなかった。それだけメラニーは特別だったし、大切だったということだ。でもトーマスの星回りには、「愛」という文字は記されてはいないらしい。あるいは、「恋」という文字がないと言った方が当たっているだろうか。どんな相手だろうと、ただの友だちでいる間はだいじょうぶなのだ。そしてときには、その友情が、たいがいの友情よりもはるかに激しいものになることもある。けれども、ここに少しばかりのロマンスが持ちこまれると、一度の例外もなく、友情はその活力を失い、ついには死に絶えてしまった。そんな経験を重ねたあげく、ぼくは、ただ単に強い友情を築くだけにして、友だちは友だちのままにしておくことを覚えた。もし仮に、相手に性的な気持ちを感じることが恋愛の必要条件なのであれば、ぼくはこの先もずっと、恋とはどんなものか知ることはないだろう。恋をするというのは、単にぼくの能力を越えているのかもしれない。

ぼくが何をして生計を立てているのかを説明すると、よく、自閉症って何ですかとたずねられる。世間一般の人々の無知なことといったら、驚くばかりだ。格好の例が、ジャクジー・パーティーでの一件だろう。あるとき、両親が旅行で留守のときに、ぼくは実家のジャクジー風呂でパーティーを開いた。その日はハロウィンだったし、友だちの一人は誕生日でもあった。そのとき、野郎どもの一人が、浴槽の中に台所用洗剤を入れるといういたずらを思いついたらしい。突然、ふと下を見ると、浴槽が泡だらけだった。ぼくは体じゅう泡まみれのまま歩いて居間へ入っていった。洗剤を入れた当の男は泡に気づくと、何やらぼくをじろじろ見ている。何か気になるんだなとは思ったが、何を見ているのかはわからなかった。

「ちょっと筋肉を曲げ伸ばししてみろよ」とそいつは言った。言われたとおりにすると、やつは夢中になっている。彼は、自閉症というのは皮膚病変を伴うものなのかと思ったらしい。つまり、腕にくっついた洗剤の泡を、ぼくの一部だと思ってたってわけだ。

社会が自閉症を誤解していることを示す例としては、次のような話もある。

「旅にまつわるちょっとした騒動」

以前、ぼくはジャッキー・ロックウェルのところでちょっと仕事をしていたことがある。そのとき、ルイジアナ州のモンローへ行く用事ができた。用がすんでコロンバスへ戻る帰り道で、いろいろとおかしなことが起こりはじめた。

空港に行くと、ほかの乗客が搭乗を許される前に、ぼくは客室乗務員に付き添われて、一人だけ先に機内へ案内された。飛行中も、その乗務員はときどきぼくの席へ来ては、だいじょうぶですかときく（それも、名前で呼んでくれるのだ！）。そんなことが二回か三回続いた。隣の席に座っていたのは女の人で、最後の一回は、何だかおかしな目つきでぼくの方を見る。そこでぼくは、女の人にむかって言った。「どうしてだと思います？　みんなぼくのことを、まるで……」そこまで言ったところで、急に、最後の一言が頭にひらめいた。「レインマンみたいに」

にわかに、すべてがはっきりわかった。空港で、ジャッキーが職員たちに、ぼくが自閉症であることを伝え、気をつけるように言ったのだろう。そう、航空会社の人たちは、気をつけていたってわけだ！

ぼくの乗った飛行機は、まずはフロリダに着陸した。そこでぼくも飛行機を降りて、空港内を見て回ることにした。通路を抜けようとしたら、客室乗務員の一人に止められた。「マッキーンさんですね？　ここはオハイオじゃありませんよ、おわかりですか？　ここはフロリダですよ！」と言う。ぼくははいわかっていますと答えて、先へ進もうとした。でも、ゲートに着かないうちに、また別の人が同じことを言い、機内にじっとしているようにとかなり強く言ってくる。

ぼくは機内へ逆戻りした。その後もみんなは、やたらと丁重に接してくる。この飛行機はジョージア州アトランタ行きだった。ぼくはアトランタで乗りかえることになっていて、待ち時間は三時間だった。アトランタに着陸すると機内放送があり、みんなまだ席を立たないようにと言われた。じきにわかったのだが、その理由は、ぼくをまっ先に一人だけ連れ出すためだった。今になって思い出してみても、あのときの気分は何だったのか、よくわからない。みんなが頭上の棚から荷物を出す間(それも、離着陸のときに、荷物が棚の中で動いているかもしれないのだ)、待っていなくてもすむからうれしかったのだろうか? それとも、ぼくのためにこんなに騒がれて、腹を立てていた(それにもちろん、恥ずかしかった)のだろうか?

会社の人たちには、付き添いなんかいりませんと言おうとした。向こうはにっこり笑って、ええそうですね、もちろんいりませんよねと言い、それでもやっぱり付き添ってくれる。ゲートのところには、いつもと同じように、乗り継ぎ便の案内をする係員が立っていた。ぼくらがゲートに着くと、客室乗務員がその人に、「こちらのお客様は自閉症なんです。どうかよろしくお願いします」と言った。

係員の返事は、「ええ聞いてます、説明がありましたから」だった。彼はぼくの方を向くと、「私の後ろにお立ちください。どうか動かないで」と言う。ぼくはその人の後ろに立って、じっとしていた。その間ずっと彼は、後から降りてきたほかの乗客に乗り継ぎの案内をしている。結局ぼくは、全員がゲートを通るまで動かずに立っていた。ここまできて、ぼくはいらいらしはじめた。最後まで待たされることになるのなら、何のために最初に降ろされたのだろう？　つじつまが合わないと思った。

他の客がみんなそれぞれの行き先へ行ってしまうと、彼はぼくの方を向いた。まるで、ぼくのことはどうしたらいいのか、考えているようだった。ちょうどそのとき、シャトルが一台通りかかった。空港ならどこにでもあるようなありふれたシャトル、運転資格は月経前症候群で不機嫌な女性にかぎると決められているシャトルだ。係の男性は運転していた女性に、このお客様は自閉症で（彼女はすでに知っていた）、Bコンコースの一一番ゲートに行くことになっている（**ぼくはすでに知っていた**）と説明した。シャトルの女性はぼくをBコンコースの一一番ゲートへ連れていった。

彼女はターミナルにいた男性に、ぼくが自閉症であることを伝え、世話をするように言った（その男性も、ぼくが来ることをすでに知っていた）。彼はぼくの搭乗券を取り、何やら処理をして、こちらへおかけくださいと言う。ここまで来ると、ぼくはちょっとばかり腹が立ってきた。空港じゅうを探検できるっていうのに、三時間も、座りごこちの悪い椅子に座ってなんかやるものか！　でも、どうしたらいい？

ことはどんどん耐えがたくなってくる。ぼくは一〇分か一五分ほど、その場に座って脱出計画を練った。この男から逃げだしたいだけじゃない。ちょっとしたスパイごっこをしてみるのも楽しそうだという気もあった。このような状況に置かれたら、だれでもまっ先に思いつくのは、言うまでもなく、トイレに行きたいと訴えればいいんじゃないかというものだろう。だがこの可能性を検討してみたところ、きっとトイレにも護衛がついてくるだろうと思えた。ゆえに、この案はボツとなった。

その係員が、一瞬、カウンターの向こうへ入り、ぼくに背を向けた。逃げるなら今しかない。ぼくは機内持ち込み手荷物をつかむと、できるかぎり静かに、できるかぎり素早く走り、廊下の曲がり角を曲がった。さて、発見されないためには、どうすればいいだろう？　別のコンコースに行くことだ！　ぼくは走ってCコンコースへ行き、そこで一息ついた。小さなバーがあったから、奥の席に陣どってピザを食べた。それからしばらく、店をいくつかひやかして回った。そのとき頭に浮かんだのは、今の経験は、施設にいたときのきゅうくつさとそっくりだなということだった。そんなことを思うと、あまりいい心持ちはしなかった。

しかし、ついにはコロンバス行きの飛行機が出発する時刻が近づいてくる。ぼくも再びBコンコースへ戻って、罪の裁きを受けなくてはならない。帰る道すがら、ふとこんなことを考えた。向こうに着いたら、どんな騒ぎでぼくをさがしているだろう？　さっきの係員はやれやれと首を振っただけで、自分の仕事に戻っただろうか？　警備員に連絡しただろうか？　空港じゅうの警備員が、全員で警戒しているだろうか？　まさか。自分ごときにそこまで騒がれると考えるのは、妄想だよ。誇大妄想ってやつだ。でも、本当にそうなってたら？

Bコンコースに着いたとたん、ぼくは冗談ぬきで、おおぜいの警備員に囲まれていた。中の一人が、お客様はトーマス・マッキーンさんですかときくので、愚かにもぼくは正直に答えてしまった。彼はトランシーバーをつかむと、「こちらチャーリー・ナイナー。対象の現在位置を確認しました。くり返します。対象の現在位置を確認しました！」と言う。トランシーバーからは返事が聞こえてくる。「ラジャー。よくやった、チャーリー。通信終了」これまで「対象」なんてものになったことがないだけに、ぼくには何もかもが非常に興味深い経験だった。

ぼくは警備員に脇を固められて一一番ゲートへ戻った。まるでロック界のスターか、命を狙われている大統領か何かみたいな気分だ。客室乗務員が一人、ぼくの腕をかなりきつくつかみ、機内へと案内した。ほかの乗客が搭乗を許されたのは、それから一〇分もたってからのことだった。おそらく、二度とぼくを見失いたくなかったのだろう。ゲートのところにいた男性は、ぼくが通りすぎるとき、実にいやな顔でこっちを見た。ぼくに逃げられたせいで、これから叱られることになるのかもしれない。それを考えると、にっこり笑ってしまった。だって、こんなの、滑稽じゃないか。

客室乗務員はその後の一〇分間を、お客様は結婚されているんですかと言ってからかってすごした（どうせそんなこと、本当は興味もないくせにさ）。そして、コロンバスに着くと、ぼくはまたしても乗務員に付き添われて飛行機を降り、待ち受けていた別の係員に「配達」されることになった。

当然ながら、ぼくは家に着くとまっ先にジャッキーに電話して、一部始終を話して聞かせた。空港の職員に声をかけたのはジャッキーだったが、その理由は、ぼくらといっしょに移動していた別の自閉症の人が、あんなふうに特別に注目されるのが好きで、喜んでいたからとのことだった。ぼくはジャッキーに、ぼくならあんな扱いはしてもらわなくてけっこうだと伝えた。こうして問題は解決した。今のぼくは元どおり、ほかのみんなと変わらない、ただの乗客だ。そして、これこそ、ぼくの望む扱いなのだ。

自閉症がいかに知られていないか、もう一つ、今度はごく短い例を紹介しよう。あるとき、ぼくと話をしていた人は、「へ？ 自閉症？ 何それ？ 自己免疫とか、結合組織の病気か何か？」と言ったものだ。

信じられないかもしれないが、今あげた例は全部、実話だ。どれを見ても、啓蒙がいかに切実に必要とされているかがわかるだろう。

コンピュータ　コンピュータこそ、自閉症の人々に神さまがくださった贈り物だ。遠くの人と通信することにかけては、特にそうだろう。ぼくにとっては、掲示板や電子メールの方がコミュニケーションがしやすい。ふつうっぽくしゃべろうとして大変なエネルギーを費やす必要がないからだ。静かな場所で、ただタイプするだけですむ。感覚刺激の総量が限界を越えて、オーバーロードを起こす心配も大幅に減る。ネット上にはおおぜいの人が集まるような場所もあるから、家にいながらにして、ほかの人たちのやりとりを観察することもできる。これまでの経験でわかったのだが、ぼくが一番くつろげる状況は、ほかの人といっしょにいながら、同時に一人きりでもあるというものだ。残念ながら、これを実現できる方法はあまりたくさんはない。でも、ネットはその一つだといえる。

これは、この本の著者に連絡をとるのに一番簡単な方法でもある。モデムを持っている人なら、六一四―三三八―八四〇〇か六一四―八四六―七六六九、それか六一四―四八六―三三一一にダイヤルして、「Starchild」をさがしてみるといい（「Starchild」とは「星の子」だから、ぴったりの名前だと思わないかい？）。そうすればぼくが見つかるはずだ。

逃走　どうやら、自閉症の子どもたちの中には、親たちに言わせると「脱走の達人」ともいうべき子がいるようだ。彼らがなぜ逃げるのか、お父さん・お母さんたちはわからないと言うけれど、ぼくにはよくわかる。こうして逃げる能力があるということは、悪いことと考えるべきじゃない。お母さん・お父さんたちの中には、これを悪いことのように感じている人が多いらしい。振り向いてみたら、もういなくなっている。どこへ行ったの？　心配で、パニックに陥りそうになる……。でも、脱走する能力は、生きのびるためには必要な力だ。ぼくだって、逃げるのが好きだから逃げていたわけじゃない。どうしても、逃げるしかなかったのだ。つまり、選択の余地はなかったってわけさ！　それは、どうしようもない切迫感だった。焼けつくような衝動だった。隠れなくては、退却しなくては、すべてから逃れなくては。静かで、落ちつける場所を見つけなくては――。どこへ行こうなどという意識はまったくなかったが、ひとたび隠れられそうな場所が目につけば、「ここだ」というのはわかった。こうして逃げたいのに、親にじゃまされるなんて、まさに恐怖としかいいようがない。どれほど恐ろしいことか、想像することもできない。お子さんが逃げだす必要を感じているなら、逃げるのを応援してやってほしい。なにも、親がいっしょについて行ってはいけないと言っているのではない。必要なら、親の方で静かな場所を見つけておいて、「タイムアウト」に連れ出してやる方法だってある。いざその場所に着いて、子どもが一人になりたいと言ったら、一人にしてやればいい。逃げたがる子どもの気持ちを何とかわかろうと努めることは、親が子どものためにしてやれることの中でも、とりわけすばらしいことの一つなのだ。

神経　ぼくの神経は死んでいる。みんな、ぼくの体の中で、衰弱し、ぼろぼろに砕け、今では外側の殻しか残っていない。ぼくは「落ちつく」ということばの意味を知らない。このことばは、「性欲」とか「空腹」とかと同じように、ぼくにとっては異質なものだ。海水浴場に行くと、砂浜いちめんにビキニ姿の女の子が横たわって、居眠りしたり、肌を焼いたりしている。どうしてそんなことができるのか、ぼくは驚くばかりだ。
ぼくは、気がついてみるといつでもぴりぴりと用心した状態になっている。そうじゃないのは、特別に親しい友だちだけといっしょにいるときくらいだ。そして、そのときでさえ、防御《ぼうぎょ》が百パーセント解けるわけじゃない。完全に防御を解くためには、自分の意志に逆らってでも、自分だけの世界へ逃げこむしかない。遠い昔、自分でこしらえた世界だ。すべてがうまくいく世界で、現実なんてかけらもない。子どもたちは、こういった防壁を作り上げることで、ただ単に、自分を守っているにすぎない。だから、ぼくの気持ちとしては、それは子どもたちの正当な権利だって気がする。

自分の世界に逃げこむこと　この本を書きながら、どうにかしてこの「別世界」のことをうまくことばで表す方法はないかなと思い、いろいろ考えてみた。不思議な、外の世界とは離れた別世界のことだ。でも今のところ、うまい言いかたは思いつかない。これもやはり、ほかに比較するものがないせいじゃないかと思う。そこでは、物の見えかたもちがっている。聞こえかたもちがう。どうちがうかといっても、説明できない。なぜなら、たいていの人たちは、標準の状態での視覚、聴覚しか経験したことがないのだから。触覚も変わる。何かの感触が感じられるからといって、必ずしも、感じた物がそこにあるとはかぎらない。味覚や嗅覚も同じ。どうしても説明する言いかたをひねり出すとしたら、「ゆがんでいる」というのが一番いいだろうか。でも、この言いかたでは、多少は雰囲気がつかめるだろうが、本当はあまり役にたってはいない。経験で覚えたことだが、ぼくの感覚は正しく機能していない。だから、まわりで何が起きているか、感覚が必ずしも正しく伝えてくれるとはかぎらない。いつでも当てにできるというわけにはいかないのだ。

ほかの人とのやりとり　ぼくにとっては、人間の社会というやつは、大いなる謎でしかない。人々はいったい何に突き動かされて、あんなことをするのだろう？　なぜ、同じ法則が、ぼくには当てはまらないのだろう？　社会の主流派にもっとうまくなじむには、どんなことをすればいいのだろう？　ぼくは今も（そして、休むことなく）、自問をくり返している。自問はするが、自答の方はあまり成功していない。それでも、いい方法は見つけたつもりだ。ぼくは近ごろ、人々の集団を見ては、みんなのやりとりを気をつけて観察することにしている。人間のコミュニケーションには、たくさんの手段があるらしい。人と人とがいっしょにいるところを見ていると、みんなは、ぼくには何のことやらさっぱりわからないことを、実はたくさんやっているようなのだ。ときには、こうして観察したことをメモしておくこともある。あとで、親しい人に質問してみるのだ。ぼくのことをよくわかっている人なら、どう言えばぼくにも通じるか、心得ているから。残念ながら、この条件に該当する人はあまりたくさんはいない。もしかしたら、ぼくもいつか、もっと進歩して、この分野でももっと成功率を高められるかもしれない。ぜひ、そうなりたいものだ。

罰のこと　ぼくは自分で子育てをしているわけじゃない。だから本当は、子どもの育てかた、子どもへの接しかたなど、えらそうに指図できた立場じゃない。でもここで、どうしても言っておきたいことがある。ぼくは、罰を使うことには大反対なのだ。施設ではときどき罰が使われていたけれども、結果は、本来の目的とはまさに正反対になっていた。ぼくが進歩しはじめたのは、少しばかりの思いやりと、常識のある人と出会えてからのことだった。

ぼくの考えでは、自閉症の人が困った行動に出るのは、全部とは言わないにしても、大半が、感覚の統合がうまくいかないせいだと思う。たとえば、どうしても服を着ようとしない人は、ある種の生地の感触が痛いのかもしれない。あるいは、ある場所にだけはどうしても行きたがらないのは、そこじゃ音がこもって、耳の中でこだまするせいかもしれない。なのに、みなさんの方では、本人が自分で説明してくれないばっかりに、事情がわからないでいるというわけだ。彼らが説明できない理由は、コミュニケーションの力が低いせいのこともあるし、自分の経験していることが、まさか標準とはちがうなんて、思ってもみないからということもある。そんなわけで、事情がわからないまま、ただ単に問題行動と決めつけられてしまうケースが多い。そんなとき、当の行動を改めさせるつもりで罰を加えても、問題の根っこを残したまま、症状だけに対応していることになる。

だからぼくとしては、もう一つの道を提案したい。罰を与えてみようかと考えているなら、その子を、作業療法士のところに連れて行くのだ。それも、感覚統合の研修を受けて、修了の証書をもらっている人だ（ちゃんと修了証書を持っているかどうか、確認すること）。条件が許すなら、あるいは、暴力傾向のある子の場合は必ず、それまでに自閉症の人たちを扱った経験がある人を探してほしい。お子さんの状態を調べてもらい、ケアをしてもらおう。

これだと、単に、罰を与えるより人間的な待遇だというだけじゃない。問題の核心に届くことができるのだから、最終的にはいい結果になるだろう。

自己刺激　堂々と白状してしまうけど、物をくるくる回すのは実にすてきなことだ。目に対して、何というか、心地よい作用がある。ぼくはときどきコインを回して楽しむし、コマで遊んだり、車のタイヤが回るのをじっと見たりすることもある。以前、祖父が変わったコマを二つ持っていた。回っているうちに、とちゅうでひっくり返って、上下が逆になったまま回りつづけるのだ。祖父が亡くなったとき、このコマはぼくがもらうことになり、今でもぼくのところにある。もう何年もたつというのに。磁力や引力も好きだ。物を回すのと同じくらいうっとりしてしまう。それから、時間という概念もすごい。時間は連続体だろうか？　時間と空間の関連は？　連続体ではなくて、循環していたらどうなるだろう？　もしも時間が加速したとして、あるいは減速したとして、ぼくらはそのことに気づけるだろうか？　アインシュタインの相対性理論は正しいんだろうか？　どうすれば検証し、立証することができるのだろう？　時間の作用については、知りたいことがたくさんある。もしかしたらいつの日か、自分なりに立てたさまざまな仮説を検証する方法が見つかるかもしれない。

肌をブラシでこすること　この方法は強くお勧めしたい。もしかしたら役にたつかもしれないよ！　医療用のブラシを使って、腕や脚、背中などをこすり、触覚を刺激するという方法だ。ぼくの場合、ふだんは何の根拠もないのに錯覚みたいに痛みの感覚が続いているのが、これが終わってから平均四五分くらい、ときには一時間、痛みが消えるのだ。痛みを感じずに動くことができるなんて、すてきなものだ。もしかしたら、長く続けていると後でなにかの副作用が出るんじゃないかと考えてみたこともあったが、その可能性はかなりゼロに近いんじゃないかって気がする。ぼくの場合、今のところ、これをやってくれる人は二人しかいない。もっとおおぜいいたらいいのにと切実に思う。このちがいは自分で感じられる。しかも、けっこうはっきりしたちがいだ。一時間だけの自由だ。できることなら、一時間ごとにだれかそこらの人をつかまえて、体を摩擦してくださいと頼めたらいいのに。でも現実には、そんなことをしてはまずかろう。何と残念なことだろう。これができたら、ぼくの生活はぐっと楽になるだろうに（そうそう、これはどうしても言っておかなくちゃ。この種のテクニックを新しく始めるなら、必ず、あらかじめ作業療法士に相談すること）。

聴覚の訓練　これは、フランスのギューイ・ベラール博士が開発したセラピーだ。ベラール氏の話では、聴覚に何らかの問題がある人も、この方法で治ることがあるという。自閉症の人々には聴覚が過敏な人が多いが、この過敏性がかなり軽減されるという評判だ。

方法そのものは、いたって単純。ハイファイのヘッドフォンで音楽を聴くだけ。時間は一回が三〇分、一日に二回ずつ、それを一〇日間くり返す。一回めと二回めの間は、三時間から五時間の間隔をあける。使う音楽だが、オーディオキネトロンという装置を通し、特殊な加工処理がしてある。この装置で耳を「再訓練」して、過敏に反応しない癖をつけるのだ。その人の聞く音にどんな加工をするかは、人によって一人ずつちがう。治療を始める前にテストをして、その人の聴覚のプロフィールを作っておき、それに合わせて設計するのだ。

ぼくがこれまで聞いたところでは、「ある程度の」効果があったという人が大半を占める。奇蹟かと思えるくらい目ざましい効果が出ることもときにはあるが、そんな例は稀なようだ。それでも、お子さんに治療を受けさせたお父さん・お母さんに話をきいていると、結果に満足している人がほとんどだった。子どもの行動が明らかに進歩しているのに気づいたという。

このセラピーには期待が持てる。理由の一つは、自閉症とは、さまざまな感覚にまたがった障害だからだ。聴覚だけでなく、ほかの感覚にも自閉症の影響は表れている。そして、聴覚の問題が片づくと、残りの感覚にも、いくらかは効果が波及するのだ。

昨今では、感覚統合についての関心が高まっているのを受けて、研究の方も活発になってきているようだ。ぼくの知るかぎり、聴覚、触覚／固有受容覚、視覚の問題は、何らかの方法で治療が可能なケースが多い。ただ残念なことに、これまで見てきたところでは、一つの治療テクニックだけでは、たいして役にたたないのがふつうだ。でも、いろんな考えかた、いろんな説にもとづく方法を次々と実験していれば（ただし、お子さんに苦痛を与える可能性のある方法は避けること）、ついにはいい組み合わせが見つかって、目ざましい改善がみられるかもしれない。たしかに、こんな方法はあまり科学的とはいえない。でも今のところ、これしかないのだ。あと、できることなら薬は使わないようにとも言っておきたい。でも、薬が本当に役だつ望みがあるとわかったなら、可能な範囲で最少の用量で使ってほしい。あなたのお子さんなのだもの、それくらいの配慮は当然だろう。

ぼく自身も聴覚訓練を受けたことがあり、『ジ・アドヴォケイト』の一九九三年春号にその体験を書いた。本書の第三部に、そのときの手記を転載してある。

ファシリテイティッド・コミュニケーション（FC）　これを書いている現在、ファシリテイティッド・コミュニケーションといえば、自閉症の分野でも最も賛否両論のかまびすしい話題だといえる。そして、論争が起きるには、それだけの理由がある。理由は単純。いくつもの研究で、この方法には効果がないという結果が出されたからだ。それでもなお、いや、この方法はたしかに使えると断言する人たちも多い。お母さん・お父さんたち、教育者たち、自閉症児・者の権利を代弁する運動にかかわる人たちにも、この方法を支持する人がたくさんいる。ぼくらはどちらを信じたらいいんだろう?

ＦＣとはどんなものかというと、まず、伝えたいことのある本人に、コンピュータや文字盤など、何らかの道具を与える。そして、別のだれかがその人の手を持ち、その道具があるのとは反対の方向にむけて、軽い圧迫を加える。それによって、文字盤の上の文字を指差したり、キーボードをタイプしたりして、本人は言いたいことを伝えられるようになるという発想だ。この方法は可能だと言う人がいる一方、いや、出てくるメッセージは、本当は、手をつかんでいる人が(おそらく自分でも知らずに)作りだしているのだと言い張る人もいる。

今のところ、ぼくの知っている範囲では、確固たる科学的な研究で「ＦＣはたしかに妥当な方法だ」という結果が出たことはない。そういう結果が出たらしいという噂なら何度も聞いたが、実際の研究は見たことがない。また、ぼくの経験では、何かの研究の結果と食い違う意見の持ち主たちが、「その研究はやりかたが不正確だったんだ」と言うのは、非常によくみられることらしい(これは、聴覚訓練についても当てはまる)。

その一方で、「自分はこの方法でうまくいったんだ」という人たちがおおぜいいて、数も増えてきているとなれば、無視してしまうのも非常にむつかしい。

じゃあどうすればいい? ことは「信じるか・信じないか」の問題になってくる。それも、ぼくたち一人一人が、自分で種々の証拠を見くらべて、自分なりの結論を出すしかない。そして、人にはだれでも、それぞれの意見を持つ権利がある。
ぼくはこう思っている。FCにかぎらず、さまざまな方法について自分なりの答えを出せるかどうかは、自分の経験という範囲に縛られずに考える能力にかかってくるんじゃないだろうか。アヒルに効いた方法だからといって、ガチョウにも効くとはかぎらない。あるテクニックが、自閉症の人だれか一人に効いたとしても、だから全員に役だつということにはならない。

自分ではことばを操れない子どもたちの中にも、どこかに思考があり、感情があり（そして知性もあって）、外に出たがっているはずだ――ぼくはそう信じずにはいられない。もし信じていないとしたら、そんなぼくに、彼らになりかわって権利を代弁する資格なんかない。統計によると、自閉症と診断されている人たちのうち、およそ七〇パーセントには何らかの知的障害があるとかいう。でもぼくは、この数字は信じない。知的障害のある人もいるとは思う。でもその数は、七〇パーセントよりずっと少ない。こんなことを言うと、「そう思うのは、きみの願望が入ってるだけだよ」と言う人もいるだろう。言いたいやつには言わせておけばいい。ただ単にことばを話す能力がないからって、言いたいことがなにもないということにはならない。彼らにだって、言いたいことを人に伝える権利がある。ぼくたちみたいな、ことばを話せる者と同じだけの権利があるはずだ。彼らがその方法としてFCを選ぶかどうかは、たくさんの要因が重なり合って決まる。たしかにFCについては賛否両論が多いし、こうして意見が割れるだけのことはある。それでもなお、まるきり捨ててしまうには、あまりにももったいない。それに、FCという方法でコミュニケーションをとれるようになる人が、たった一人しかいなかったとしても、その一人のためになるなら、それだけの価値はあるはずだ。挿話的な報告にすぎないとはいえ、最初はFCでキーボードをタイプしはじめて、のちに一人でタイプするようになったケースは何人も報告されている。そして、聴覚訓練の場合と同じように、こういった成功例ばかりを集めて研究を行なうことが必要だろう。成功例を比較すれば、共通点が見つかるかもしれない。そうすれば、もしかしたら、どんなタイプの人にはFCが役だちそうか、前もって予測できるようになるかもしれない。

ぼくはFC賛成派だ。すてきな発想だと思う。でもその一方、だれにでも向く方法じゃないこともはっきり認める。それに、もっと研究をしないと、FCという概念に本当に根拠があるのかどうかはっきり結論を出すには（しかも、みんなが納得できる結論を出すには）、絶対にもっと研究が必要だってこともね。

サイ（超能力）的感覚　いや、これはぼくが自分で考えたことばじゃない。前に知り合いだったある若い子がつけてくれた名前だ。その子は、どうにかして自閉症になりたがっていて、それこそ人生で唯一の目的なんだと言ってる子だった（サヴァン的な能力に興味を持ってたのだ）。

超能力がどこからくるかについては、仮説が二種類ある。自閉症の人々にはテレパシーがあると考えて、存在を証明しようという努力は三〇年以上も前から行なわれているけれど、成功した人はだれもいない。それでもなお、いや、テレパシーは存在するんだとガンコに言い張っている人たちはいる。とはいえ、彼らが根拠としているのは、ほとんどが挿話的な証拠なのだが。その一方、テレパシーみたいに見えるのは、ただ単に、ボディー・ランゲージなど、微妙な動きや差を読みとっているだけだと主張する人たちもいる。こっちの説を唱える人たちは、自説を説明する過程で、相手の微妙な動きを読みとるのは自閉症の人たちの方が一般の人よりじょうずなんだとまで言っている。

ではぼく自身はどう解釈しているかというと、どっちの説も、結局は**ほとんど**同じことを言ってるだけじゃないかという気がする。ただ単に、超能力という概念を本気にしている人たちと、そうでない人たちというだけの差だろう。

どちらの説明をとるかは置いといて、ぼく自身も、これに当てはまるような経験をしたことはある。始まったのは入院していたころで、それ以来ずっと続いている。ほかの人の考えているこ とがわかってしまうなんてのはめったにないが、その代わり、相手の感情がうつってしまうことは非常に多い。もし、自閉症の人々にこの能力の持ち主が本当に多いんだとしたら、これはある意味で、自然による残酷なイタズラだと言っていいだろう。だってぼくは、そんなときにどう反応したらいいのかをなかなか学べなかった。おかしくない反応のしかたが身につくまでには大変な時間がかかったし、それまでに数えきれないほどの失敗をしてきたのだから。

ぼくの場合、鍵を握っているのは、アイ・コンタクトらしい。まるで、相手の目の中に何らかの文字列が書きこんであるみたいなものだ。ぼくの脳、ぼくの感情には、その文字列がどんな感情を意味するかがわかる。こうして伝わってくる感情は、どうしても、相手がたまたまそのとき感じている気持ちってことになる。そして、視線を合わせることでつながる方が、体に触れるよりもずっと強いこともわかった。

これをテレパシーとよぶにしろ、学習で身についたボディ・ランゲージ読みとり能力と考えるにしろ、ぼくはこんな能力をくださいと頼んだ覚えはないし、あまり好きじゃない。本来そっとしておかなきゃいけない他人の領分を侵してしまったことも一度ならずあった。そんなときのことを思い返すと、今でもときどき後ろめたくなってしまう。ただ、この能力のおかげで学べたことは、かならずしも悪いことばかりじゃなかった。

この世には、喜びや幸せよりも、痛みや悲しみの方がはるかに多いことを知った。学んだのはそればかりじゃない。ある晩のこと、ぼくはアリーシャを寝かしつけようと、ゆすってやっていた(メラニーが前の結婚で産んだ娘だ)。当時、アリーシャは一歳半だった。ぼくには、アリーシャの感情がとても柔和で、純粋なのがわかった。そんな彼女をゆすってやれるなんて、すてきなことだった。彼女はその晩、幼い身でありながら、ぼくに大事なことを教えてくれた。感情とは本来、こみいった、よくできた言語なのだということ。そして、言語である以上、ほかの言語を学ぶのと同じで、教わって身につけなくてはならないのだということ。学習しなくてはわからないのだということ。そして、アリーシャがそれを教えてくれた。だからぼくは、これからもずっと、アリーシャへの感謝を失わないだろう。

ときどき、こう考えることもある。もしかして、こんな能力が育ったのは、単に、必要に迫られて必死で学習したからなんじゃないだろうか？　人とのやりとりという面に関しては、ぼくは、使えそうなものとあれば、何にでもすがらなくてはならなかった（それは今も同じだ）のだから。もしかしたら、何のことはない、どうしても必要だからこんな能力が育っただけのことなのかもしれない。

じっと見つめてしまうこと　今の話と関連することだが、ぼくの場合、ほかの人とやりとりをするときは、相手の目を食い入るように見つめると役にたつことがわかった。相手が何を考え、感じ、ぼくに何と言っているのか、見つめた方が感触がたくさん得られるのだ。そこには一種の「つながり」ができ、ぼくはそれを実感することができる。その方が、会話相手のことが怖くなくなるのだ。

ぼくが人をじっと見てることに気づいた人たちが教えてくれたことだが、**沈黙を通してメッセージを伝える方法がある**んだそうだ。ぼくも、きっと本当だと思う。ぼくも、これをやってもだいじょうぶな状況では、できればやることにしている。でも、ときには、これをやると問題になることもある。かつて、ボンディッドのガソリンスタンドで働いていたとき、お客様から苦情が出ているときに上司に注意された。この店は、とうとう最後にはクビになってしまった。きっとぼくは、接客業には向いていないのだろう。

ぼくのこの癖をよく知ってる人たちは、怖がるというより、おもしろがっている。友だちのブランディの目を見つめると、まるで、彼女の身体がとりのぞかれ、魂が露出するような感じになる。ぼくがブランディを大好きなのは、一つにはこれができるせいもある。だから、ほかにもブランディと同じような人たちを見つけたい、そんな人たちと関係を育てたいと思い、とてもがんばっている。ブランディと同じように、透明な人たちだ。ぼくは透明じゃない人たちが怖い。心を閉ざした、心の狭い人たちだ。心を閉ざすあまり、だれも踏み込ませない人たち、だれも近づけようとしない人たち。そんな人たちはひどく怖いので、近よらないようにしている。

答えを探そうとする人たち、理解しようと努力をする人たち、それから、ぼくを抱きしめてくれるのをいやがらない人たち。ぼくがいっしょに時間をすごすのは、そんな人たちだ。そんな彼らは、ぼくにとって、生きのびるために必要な存在でもある。ぼくは彼らにおおいに頼っているし、そのことを自覚している。

声が聞こえてくること　ぼくには「声が聞こえてくる」ことがある。聞こえてくる声は一種類じゃない。別々の声が数種類ある。そのちがいははっきりしていて、ちゃんと説明することだってできる。

まず、歌を歌いかけてくれる声がいくつかある。どれも、歌詞はついてないし、知っている曲でもない。でも、たしかに歌ってくれる。ふつうにいう「歌」というより、どっちかといえば単なるメロディーに近い。メロディーは毎回ちがう。同じメロディーを二回聞いたことはないと思う。

叫び声をあげる声もある。これが一番きらいな声だ。だって、ただ叫ぶだけなのだから。こいつらはどこからともなく現れて、ただ叫んで、おかげでこちらは頭痛までしてくる。

人を殺しに行けと命令する声もいくつかある。ぼくは丸きり無視している。

それから最後に、また別の声もある。これは一種類だ。やさしい声。思いやりのある声。知恵のある声。愛のある声。心遣いを示してくれる声。サイ的能力のある声。ぼくにはよくわかっている。この声がなかったら、ぼくはちゃんと生活を営んでいけないであろうことは疑う余地がない。この声は、冷静に、おだやかに語りかけてくれる。ほかの人たちのことを、ぼくに説明してくれる。あの人たちは何者なのか、どんな状態なのか、なぜそうなのか。だれかが本当のことを言っていないとき、教えてくれる。だれかが完全に正直ではないとき、教えてくれる。正直にならない動機も教えてくれる。相手がぼくのことをどう感じてるのか、自分自身のことをどう感じてるのかを教えてくれる。その人にとって、今日は一日大変な日だったかどうかも教えてくれる。その理由も教えてくれる。彼らが何を考えているのかも教えてくれる。相手がぼくに隠したがっていることも教えてくれる。もうじき何か悪いことが起こりそうなときも教えてくれるし、避けかたも教えてくれる。ぼくのサイ的感知力の八〇パーセントから九〇パーセントはこの声によるものだ。ただし、ときたま、この声と、ほかの人の話し声とを聞き分けるのに難儀することもある。区別は可能なのだが、よく注意して耳を傾けなくてはならない。

たとえば、こんな例があった。

ある友だちと話していて、何だかおかしなことになった。その子もぼくも、別の友人たちと話をしていたのだが、中の一人が、おれ、腹が減ってきたよと言いだした。それを受けて、その子(問題の友だち)は、私も朝から何にも食べてないのよと言った。そのとたん、ぼくの頭の中の声がしゃべった。たった一言だった。

妊娠してる……

そこでぼくは、また子どもできたの？　ときいてみた。彼女は一分くらいの間、返事をしなかった。そして、一分がすぎてから、「かもね。でもはずれかも」と答えた。声が嘘をつくはずがないと思ってたぼくは、もう少し強くきいてみた。「で、どっちなの？　イエスなの？　ノーなの？　予定日に遅れてるとか？」結局彼女は(二人きりになってからのことだが)、たしかに妊娠したと教えてくれた。それから続けて、自分はこれまでに六回妊娠したことがあるけれども、六回とも流産しているのだと話してくれた（ぼくは、その六回めのときに現場に居合わせていた。あまり気持ちのいいものじゃない）。そして彼女はぼくに、このことはだれにも話しちゃだめよ、また失敗するんじゃないかと思うと怖いからと言った。結局彼女は流産した。

もう一つの現実（AR）　それはある日突然、降ってきた。コンピュータをモデムに接続してチャットをしてる最中に、突然、そうか、ことばでも説明できるぞと気がついたのだ。それまで、もう一つの現実のことをことばで表せなかったのは、最初の暗闇の部分で引っかかっていたせいだった。暗闇より先の部分を表現することを考えればよかったのだ。なぜなら、ことばで表せないのは、最初の暗闇の部分だけだったんだから。とはいえ、まだ問題はある。この世界と、もう一つの現実の世界とは、**絶対に**切り離しておかなくてはならない。この二つの世界は、どちらも同じように本物であり、対等なのだから。もし、ぼくの頭の中で、この二つが混ざりだしてしまったら（以前に起きたことがあるのだが）、ちょっと困ったことになってしまう。

まず、暗闇がある。暗闇という以外、ほかの言いかたはできない。それから、ここでは人に囲まれていることもあるが、それでもなお、一人きりなのだ。ちょうど、「人ごみのなかの孤独」というやつに似ている。ただ、程度がはるかにひどいだけで、よく似ている。この暗闇の中にあるものといえば、ただ一つ。それは恐怖だけ。ここでは、一人きりで、おびえているしかない。それなのに、ときとして、自分からこの場所に来たいと感じることがある。この暗闇は、必要になるときもあるのだ。ただし、この暗闇がこの世界のすべてというわけじゃない。このことは、昔からずっとわかっていたくせに、本当に納得したのはついこの間のことだった。暗闇というのは、このもう一つの現実世界の、ごく小さな一部分でしかない。

暗闇は、この世界の南端にあたる。この世界（AR）に入るには、かならず、南から入ることになる。なぜなら、ARに入るには、南端の暗闇を通り抜けなくてはならないからだ（そして、ここを通り抜けるのは、ときおり、ひどい難事業になることもある）。この暗闇のすぐ北隣、山を越えた向こうには、お城がある。お城は南に面している。巨大で、荘厳なお城だ。お堀もあるし、塀もある。何でもある。

このお城は、谷間みたいなところにある。谷には、お城以外何もない。まわりはどっちを見ても山に囲まれている。山々は花や草木で覆われている。それも、形も、色も、大きさも実にさまざまだ。ここの山では、花畑を踏んで歩いても、走っても、いや、それどころか転げ回っても、花が傷むことはない。どうしてこんなことができるのかは自分でもわからない。ただ、人間の想像したイメージの世界では、何でも可能だからとしか言いようがない。何よりすてきなことに、このお城は無人ではない（ほかの部分には、無人の場所もある。もしかしたら、あとで触れるかも）。クレイリンとファイアフライト号も、このお城に住んでいる。

ファイアフライト号は、翼のある白い雄の馬だ。空飛ぶ馬だから、背中に乗れば、あちこち飛び回ることができる。とても人なつこい馬で、人とコミュニケーションができる。ただ、どうやってそんなことができるのか、みなさんに説明するのはむりだけれども。足が速くて、獲物を追うチーターのスピードで走れるし、鷲のように空中を滑空することもできる。彼はきっと、無限の自由を表現するシンボルのようなものなんだろう。何もかもうんざりで、逃げだしたい気分だって？　そんなときは、ファイアフライト号に飛び乗って、天高く舞うといいよ。

クレイリンはかわいらしくて、雌の……ええっと、何か名前のわからない生き物で、お城に住んでいる。長い巻き毛の下には、セクシーなとがった耳が隠れている。目は青くて、雲一つない真夏の空みたいな色をしている。肌は、ごくうっすらとだけど、白い柔毛《にこげ》で覆われた毛皮だ。毛皮といっても、そんなに毛深いわけじゃない。抱きしめたときに、クマのぬいぐるみのような手ざわりを与えるのにぎりぎり必要な量だ。この子のことは、ただ、抱きしめるだけ。だって、実在しない生き物とセックスするなんて、不可能にきまってるじゃないか。まあ、やろうとしてみた経験のある人は、おおぜいいると思うけどね……。

お城の中には（最上階だ）、図書館がある。詩歌にせよ、他のジャンルの文学にせよ、現実には書かれたことのない作品を読めるのは、ここだけだ。ふつうの現実の世界と、こっちの世界、二つの世界をあわせても、ここしかない。かなり大規模な図書館で、お城の三階がまるまる図書館だけで占められている。

この谷間には、愛しかない。悲しみもない。怒りもない。恐怖もない。傷心もない。苦痛もない。愛があるだけ。そして、この谷は、近代技術を拒絶しているのがますますすてきなのだ。コンピュータもない。電話もない。車もない。なんにもない。ただ、どこまでも純粋で、清らかな自然があるだけ。ここは逃避先としてはまさに理想的な場所で、だからぼくは、ARですごす時間のほとんど（全部じゃないが）は、この谷ですごしている（ただし、「暗闇」だけは例外）。

谷間の東側、山を越えたところ（街へ行く途中）には、ドラゴンの野原がある。広い平原だ。いかにもピクニックをしたくなるような場所といえばいいだろうか。ただこの野原の場合、ピクニックのじゃまになるような虫がいないのがふつうとちがう。蟻もいない。蝿もいない。蜂もいない。ただ、ときおり鳥が来たり、蝶が一匹二匹いたりするくらい。そして、この平原は何マイルも何マイルも続き、その先は……

街。街は、このもう一つの現実の中では、一番、通常の現実の世界に近い部分だと思う。この街は全体が巨大な透明のドームのようなもので覆われている。ドームの中に入るには、ただ歩いて通り抜ければいい。人が来たからといって、持ち上がったり、入り口が開いたりするわけではないのだが、とにかく歩くだけで通り抜けることができる。通り抜ければ、そこはもう街の中。街ってのはたいていどこもせわしないものだが、この街も同じ。人々はあそこでもここでも走り回り、どこかへ急いでいる。行き先がどんなところだかわかっていなくても、やっぱり急いでいる（こっち側の現実の人たちとよく似てる気がする）。この場所では、ありとあらゆる感情がみられる。ネガティブな感情もある。それに、お城とくらべると、近代的な技術も少しはある。滞在先としては、ぼくのお気に入りの場所とはいえない。だからぼくは、ここにはほんの短時間しかとどまらないことが多い。

お城の西側（今度もまた、山を越えて向こう側になる）には、海がある。ここはとても穏やかな場所だ。ファイアフライト号に乗って、海の上を飛ぶと、とても気持ちがいい。ここには、いろんな魚や水鳥がいて、みんなけっこう人なつっこい。だから、この海で釣りをするなんて、夢にも（ここで夢ってのも変かもしれないが）考えられない。魚のほか、鴨やカモメ、イルカなんかがいる。

この海のいいところは、何といっても、水の中でも息ができることだ。水はすてきなラベンダー色で、砂のピンク色とよく合うし、この辺一帯の景色がこんなに落ちついて見えるのも、この色のおかげもある。砂は、いくら波がかぶっても、いつでも乾いている。でも、乾いているけどお城はちゃんと作れる。海の中の生き物たちは、かくれんぼみたいな遊びが好き。ぼくのお気に入りは、ファイアフライト号の背中から飛び降りて、海に飛びこむこと。現実逃避には最高の場所だ。だってここは、別の世界の中の別の世界なんだから。

海の底には、沈んだ船がある。いったいどこから来たのか、ぼくにはさっぱりわからない。街からでも来たんだろうか。船の中を探検するのはおもしろい。骸骨から宝箱まで、難破船にありそうなものは何でも一通りそろっている。この船の近くでは（船が沈んでいるのは、海岸から六〇マイルくらい離れた場所だ）、砂に飛びこみ、もぐることができる。下へ、下へ、下へ、ひたすらもぐればいい。呼吸のことなど心配しなくていい。息なんか止めなくても平気なのだ。ずっともぐっていくと、洞窟に出る。この洞窟は海の底の、砂の層の下にあるのだ。砂の層を底まで突き抜け、洞窟に出ると、天井はひとりでにふさがってしまう。だから、そんなところを抜けてきたなんて少しもわからない。

洞窟の中は、軽い。どういうことかというと、重力が通常よりかなり小さいのだ。そして、そこらには天然の赤い螢光が満ちている。この光がどこから発しているのか、ぼくにはよくわからない。洞窟の中はあちこち探検することができる。道は何マイルも続いているのだ。そして、また海に戻りたくなったら、ただ、ジャンプすればいい。ジャンプしさえすれば、洞窟の天井を抜けることができる。それから、どこでジャンプしても、戻る先はいつも同じ、難破船の近くときまっている。

お城の北側、つまり裏は（山を越えると）森になっている。とても大きな森だ。すみずみまで探検するには何年もかかるんじゃないだろうか。でも、探検してみる値うちはおおいにある。

森の中には、今は人の住まなくなった大きなお邸がある。このお邸については、詳しいことはぼくだけの秘密にしておこうと思っている。悪いけど、わかってほしい。

この世界には、まだまだぼくなどが行ったことのない地域がたくさんある。そのほか、そんな場所があることさえ知らないような場所もたくさんある。でも、そんな領域を調べていたら、ぼくはどんどんARに深入りしてしまい、帰り道のわからないところへ出てしまうだろう。ぼくは帰り道を見つけたいのだ。

今のところぼくが知るかぎり、元へ戻るには、もう一度暗闇を通って出るしかない。ちょうど、暗闇が二つの世界の緩衝地帯になっているような感じだ。これまで、暗闇まではほかの人を連れて行ったことがある。でも、暗闇より先に人を連れて入った記憶はない。この世界での冒険は、ひとりでやるものであって、そうでなくちゃいけないんだろう。場所のデザインには、ぼく自身はあまりかかわってないと思う。ぼくが考えたというより、ぼくのために作られた場所という感じがするのだ。これまで数年かかってここまでできたものだが、今も発展しつづけている。この場所のことは、これまで二人くらいに話してみたことがある。二人とも、すてきな場所みたいだねと言ってくれてる。そうなのかもしれない。そして、この場所は本物なんだ。すごくありありと感じられる。これに関しては、自閉症者の方が得だ。逆に損なのは、あんまり生々しすぎて、どっちの世界がどっちだったかわからなくなりかねないこと（実際、わからなくなってしまうこともある）。

怒り　幼いころのぼくは、かなり乱暴な子だった。あれはいったい何だったのか、いまだにはっきりとはわからない。でも、まるで、自分の中に、悪霊か何かが住んでるみたいな感じだった。いきなりおかしくなってはバスルームにかけこみ、だれも入ってこられないように鍵をかけてしまうのだった。そこでぼくは、湯船に座りこんで、できるかぎり声を立てずに泣くのだった。家族のみんなはバスルームの外に集まって、いったいさっきのあれは何だったんだろう、なぜあんなことをするんだろうと不思議がっていたけど、中にいるぼくも、いったいあれは何だったんだろう、なぜあんなことをしたんだろうと考えていた。

まるで、やってるのはぼくじゃなく、ぼくの中に住んでいるだれか別の人がやっているという感じだった。ぼくはただ見ているだけ。そいつが何かをしていることはわかっているけど、**なぜ**そんなことをするのかは教えてもらえない。そんな感じだった。はっきり言っておくけど、両親や家族も混乱していただろうが、ぼくの方がずっとずっと混乱してた。だれでもいいから、きみはここがこういうふうにおかしいんだよって説明してくれる人がいたら、どんなによかっただろう。でもどうやら、事情のわかっている人なんていなかったってことらしい。結局ぼくは、だれだか知らないがぼくの中に住んでいるそいつはずるい、ルールを守ってくれない、と考えるようになった。ありがたいことに、彼はもうそこにはいない。ぼくももう暴れたりはしない。今でも、ときおりそいつが顔を出すことはあるけど、どうしたらいいかは心得ているから、けっこううまく抑えこむことができる。

6 「自閉症のプロ」として

自閉症の分野で働く専門家たちには、いくつもの責任がある。たとえば、子どもが自閉症だと診断されたら、その子の親に、お子さんは自閉症ですよと告知すべきだろう。「発達が遅れていますﾞ」とか言うんじゃなくてね。医師が率直に話してくれなかったばっかりに、親でありながらわが子の診断名を知らなかった——そんな悲しい話を、ぼくはあまりにもたくさん耳にしてきた。親御さんたちの中には、「先生はきっと、私たちにショックを与えまいとしたんでしょう」と言う人もいる。でもそう言う人たちでさえ、できれば本当のことを知りたかったと言う。真実を知るのはたしかにつらい。でも、少なくとも、真実は真実。人が歩きだすには、出発点が必要なのだ。

それから、研究についても、治療法についても、常に最新の情報に通じておくのも専門家の義務だろう。ぼく自身、お金を払って専門家のサービスを受けに行ったのに、お金を払ってるこっちが自閉症について教える羽目になったのは一度や二度じゃない。しかも、教えた内容ときたら、専門家なら知っててしかるべきことだった。もし、いま診てもらっている先生が、自閉症の知識でみなさんより劣るようなら、そろそろ別の先生を探した方がいいかもしれない。

自閉症の分野にはおおぜいの専門家がいるけど、彼らのかかげている目的や理念を聞くと、ぼくとは意見が一致しない人が多いようだ。でも、これはそんなに驚くことじゃない。自閉症については、とにかくわかっていないことが多いし、いろんな仮説があるのだから。そこでぼくは、**トーマスにとって**最高の専門家の名前を書きだし、リストを作ることにした。二年間にわたる作業の結果、リストは全部で何と四人にまでふくれあがった。この人数が数えきれないくらいになってくれたら、どんなにうれしいことだろう！

リストを作るにあたって最初に手をつけたのは、信用できる専門家の基準を選ぶことだった。これが実に難しかった。基準を選ぶため、ぼくは、自閉症の人たちの援助で効果をあげるには何が必要なのかを考えてみた。こうして思いついたことを今から紹介しよう。

一　自閉症の定義を理解していること。これはなにも、DSMの診断基準を暗記しているとか、そういうことじゃない。診断基準の項目なんて、「自閉症とは何か」ってことの表面さえかすっていない。そうじゃなくて、もっと本質的なことを理解してくれてなくては困る。ぼくたちには感覚の問題があるってことをわかってる人でなくては困るし、どんな対処のしかたがあり、将来はどんな方法が見つかりそうなのか、知識を持っていなくてはならない。コミュニケーション・スキルの不足にしても、少し見ただけではわからない理由がいくつも考えられるのだから、それも理解できなくてはならない。そして、自閉症の人々にありがちな激しい恐怖心についても、理解がなくては困る。

二 こうした理解をもとに、では実際にどうすればいいのかを知っていること。正直な話、この項目で不合格になる専門家が多い。ぼくが求めているのは、自閉症**の人間**を見る気のある人、人間を見てくれる人。役にたってくれる人。ほかの人に接するときみたいに、敬意をもってきちんと接してくれる人、いや、敬意を持って接しなくてはと思ってくれる人。自閉症を受け入れてくれて、それでも味方になってくれる気のある人。感覚の問題のことを考慮に入れて、それなりの配慮をしようという気のある人。自閉症の人の特別なニーズに合わせる力も意欲もあり、気さくさとプロらしさを両立できる人だ。

三 自閉症の分野で専門家として働いているけど、自分には自閉症の子どもがいないこと（残念なことに、この項目があるせいで、これさえなければリストに載れそうな人が何人か除外されてしまっている）。聴覚訓練の先生方も、今のところは除外している。

四 トーマスをわかってくれること。もしかしたら、これはただのうぬぼれなのかもしれないのだが、ぼくのことを理解できる人なら、ほかの人たちのことも理解できるんじゃないかという気がする。

以上の基準に当てはまった四人とは、マイラ・ローゼンバーグ、ダイアン・トゥワヒトマン、ニーサ・ルフェブル、トニ・フラワーズだ。ぼくには、アメリカ自閉症協会の役員としてだれか特定の専門家を推薦したり、特定の方法や商品を推薦したりすることはできない。でも、自閉症の一個人としてなら、この四人のすてきな人たちを推薦することもできるし、したいと思う。どの人も、ぼくがたっぷりと時間をかけて、自閉症などいろんな問題について、こまごまと論じ合ってきた人だ。この人たちの自閉症に対する洞察には、まったく驚いてしまう。自分で経験したこともないのに、ここまでわかるのだから。この四人のほかにも、もう少しでリストに載りそうな人たちは何人かいる（そのうちの一人は、見ていると、「聴覚訓練の先生は除外」という条件をはずそうかという気になってくる）。リストの人数が早くもっと増えてほしいものだ。そして、今載っている人をリストからはずさなくてはいけないようなことが起きないようにと祈っている。

診断　自閉症の診断基準は、かなり大がかりな再検討が必要なんじゃないかという気がする。これを書いている今は、〈自閉症〉と〈特定不能の広汎性発達障害（ＰＤＤ―ＮＯＳ）〉しかない。このＰＤＤ―ＮＯＳというのは、自閉症らしくない自閉症のようなものだという。

まずはまっ先に、ＰＤＤ―ＮＯＳという項目をなくしてしまうことだろう。どう見ても明らかに自閉症なのに、ＰＤＤと診断されている子どもたちがおおぜいいる。ところが、これでは、名前に「自閉症」ということばが入っていないばっかりに、この子たちは必要なサービス、本来なら受けられるはずのサービスが受けられなくなっている。

支援者や専門家の間では、自閉症にはいくつかのサブタイプがあるのだという声が多い。ぼくも、まったくそのとおりだと思う。もっと研究を進めて、サブタイプのリストを作ってほしい。たとえば、この治療法は、同じ自閉症でも、あるタイプの人にはよく効くなんてケースもある。こういった情報も、簡単に手に入るようにする必要がある。

宗教　ぼくは、教団や宗派としてまとまった宗教が好きな方じゃない。たしかに、聖書にだって、信徒どうしで手を結びなさい、みんなで集まって礼拝しなさいと書いてある。でも、教会が力を持ちすぎて、あの人とは結婚してもいいが、この人とはだめだとか、この人は離婚してもいいが、この人はいけないとか、この映画は観ていいけどあの映画はだめだとか言うようになったら、これは行きすぎだろう。

キリスト教、ユダヤ教、ヒンズー教、そのほか何だろうと、宗教とは、いや、信仰と名のつくものならみんな、本来、その人とその人の信じる神さまとの間で交わされる、個人的なものであるはずだとぼくは考えている。それに、この世界には、それぞれちがう信仰がいくつあっても共存できるはずだと思う。自分の立場ばかりが特別に正しいと思いこんでる人が実に多い。自分の選んだ道こそ、唯一の道、真実の道だと信じきっているのだ。中には、自分と同じことを信じない人とは、一切かかわりたくないという人さえいる。たとえば、ぼくが仮に「生贄の子羊の血」を信仰してたとしよう。それでも、ぼくに言わせれば、ぼく以外のみんなには、それぞれに自分の信じたいことを信じる権利がある。ぼくらはみんな、人生のどこかで、自分にしっくりくる道を選ばなくちゃいけない。そして、ある道が自分に合ってるからといって、ほかのみんなにもいいってことにはならない。人はそれぞれちがう。この世界がこんなにすてきなのも、この世界に生きることがこんなにすばらしいのも、みんながそれぞれちがっているからこそなのだ。

ぼくは、人間よりも高次の存在はいると信じている。ただ、それはふつうに教会で正統とされている「神」と同じようなものだと思うか？　ときかれても、もう一つよくわからない。でも、われわれはだれかの手で創造されたんだと思っているし、ということは、造物主がいるはずではないか。それから、ぼくらはこの宇宙で唯一の生命ではないってことも、固く信じている。宇宙はこんなに大きいのに、生命の存在する惑星が地球一つしかないだなんて、絶対におかしいって気がする。いつか、ぼくが生きてるうちにはむりかもしれないけど、いつかは、宇宙のどこか別の場所にも知的生命体がいる徴候が見つかるはずだ。

それから、お祈りには力があることも信じている。それが心理的な作用によるものなのか、聖なる力によるものか、はたまた両方なのか、それはわからない。でも、祈るという行為には力があると信じている。

感覚統合　自閉症の人々の例にもれず、ぼくもこの分野では困難をかかえている。ほかの人たちも言ってることだけど、ぼくもあえてくり返す。自分の身体が、本来果たすべき機能を果たしてくれないのは、**歯がゆい**ものだ。

ぼくの場合、一番しゃくに障る問題は、圧迫がほしいという渇望だろう。ぼくはいつも、この渇望を何とかするために、大変なエネルギーを注いでいる。これがなかったら、毎日もっといろいろなことがこなせるだろうに。

ぼくの体の中には、ずっと休むことなく、弱い痛みが走っている。ときには、あまり弱いとは言えないレベルになることもある。ぼくにだっていろいろとやりたいことがある。どうしてもやらなきゃいけないことだってたくさんある。ところが、これをやらなきゃって頭ではわかっているのに、この痛みに対処するためにエネルギーを使ってしまって、できないこともある。そんなときはひどい欲求不満を感じる。

以前、ワシントン州のヴァンクーヴァーに住んでる友だちのところへ行ったとき、テンプル・グランディンの考案した締めつけ機に入る機会に恵まれた。オレゴン州のニューバーグにある自閉症研究センターに現物があったのだ。中に入ってレバーを引いてみたが、圧迫が足りなかった。スティーヴ・イーデルソン先生に頼んで、もっと圧力を上げてもらったのだが、それでもまだ足りなかった。

ぼくの場合、一二四ページでも書いたけど、ブラシで体表をこすってもらう方が効果がある。それから、ぼくはかなりこの問題がひどいらしく、服の上からこすったのでは効果がない（このことは、作業療法士さんにどうしても言いだせないでいる。先生は、じっさいにはほとんど効果があがらないのに、こすってくれているわけだから）。

圧迫感の問題に気づいてから、ぼくは自分なりに対処しようと、自分用の装置を開発した。見た目はふつうの腕時計と変わらない。でも本当はそれだけじゃない。それに、簡単な割に驚くほどの効果がある。用意したのはカシオのＣＡ―五三Ｗの防水タイプという時計で、バンドだけはスパイデル製のに替えてある。それも、一番サイズの小さいバンドを選び、さらに、金具を六列抜いてもっと短くした。安全な範囲でできるかぎりきつくしようというわけだ。

そんなわけで今は、この時計は、ただ単に時刻を表示するだけじゃなく、同時に三つの仕事をしてくれるようになった。第一に、時刻を表示し、そのほか、電卓とかいろんな附属の機能も果たす。第二に、手首に圧迫感を与えてくれる。ぼくにとっては、この圧迫が大きな治療効果を発揮する。そして第三に、いろいろボタンのついた時計に、ふつうのスパイデルの時計バンドということで、神経のエネルギーを逃がしつつも、まわりの人の目にもおかしくない格好を保つことができる。使いはじめて数年になるけれど、今ではすっかりこいつに依存している。これがなかったら、本当にとほうに暮れてしまうだろう。

反対側の手首にも何かバランスをとる物をつけられないかと思い、いろいろ実験してみた。最初は、時計をもう一つつけてみた。これはみんなに、どうして二つもつけてるんだいときかれることになった。ぼくは、二つあれば、二倍正確に時間がわかるからさと答えてみた。言うまでもなく、これはあまり受けなかったので、この方法はすぐにボツになった。次にぼくは、古いアナログ時計を分解して中身を抜き、外のケースだけにした。バンドも、同じスパイデル社の、おそろいのやつに取り替えた。みんなになぜそんな物をつけてるんだときかれると、「これは、時間なんか気にしない人のための時計なんだ」と答えればいい。

ふつうの時計を二つつけたときとはちがい、これは今までのところ、いい反応が得られた。それはいい、自分でも同じようなのを作ろうと言った人も少なくない。もしかしたら、ぼくが発端になって、ちょっとした流行が誕生するかもしれない。

圧迫感に対する渇望を鎮めるためには、もう一つ、圧迫スーツというのもやってみた。マイケルとグウェンドリンとぼくで開発したものだ。材料は、ダイビングのときに着るウェットスーツのきついやつと、救命胴衣。救命胴衣をウェットスーツの下に着ることで、圧迫をさらに強くするのだ。救命胴衣のバルブは、ウェットスーツを着たままでも操作できる場所にあるから、ふくらみ具合はいつでも増減できる。この方法は、効果はあるのだが、それなりの弱点もある。第一に、このスーツは「呼吸」しないので、暑くなりやすい（そして、すぐに不快になる）。それに、人前をウェットスーツで歩き回るのはあまりよいことではないともわかった。人前にこの圧迫スーツを着ていったのはただ一度、ぼくの友だちが集まったパーティーのときだけ。それも、みんなに見たいと言われたからにすぎない。これを着て外へ出たらどんなことになるものか、いっぺんスーパーかどこかで試してみようかと考えてみたことは一、二度あるけれども。このアイディアを思いつき、ウェットスーツもくれたマイケルには感謝している。このスーツを着ている間は、あの低レベルの痛みがすっかり消えてしまうのだ。

触覚の分野に関しては、ぼくの悩みは、一般に「自閉症の人はこう」とされる問題とまさに正反対らしい。だから、ぼくはこう考えている。自閉症の感覚障害の本質は、どちらかの方向へ極端にかたよる、その極端さにあるのだと。

人に触れられる感触を苦痛に感じる人が大多数を占める中、ぼくにとっては、人の感触はとても気分のなごむものだし、必要でさえある。ある意味で、感覚の平衡を保ってくれるともいえる。自分の内側のすべてが、ゆっくりと正常に戻ってゆき、ピントが合いはじめる感じがするのだ。このことは、現代のアメリカでは問題になってしまう。アメリカ社会には、人と人の接触について、厳格なルールがあるからだ。それに、プラトニックな愛情という観念が受け入れられていない。そんなものがこの世に存在するってことすら、認めてくれる人は非常に少ない。だから、接触を求める感覚は、誤解されやすい。

温度も問題になる。寒いと、体がひどく痛む。暑さは気分をしずめてくれるし、感覚の平衡を保ってくれる。自閉症の子どものお母さん・お父さんたちの話を聞いていても、ぼくと同じだというケースは何度も聞いたことがある。また、うちの子の場合は寒い方がよくて、暑いと大変なのだという人もいる。

同じ触覚でも、生きていない物となると、事情がまったくちがう。ときには、何かに触《さわ》ると手が燃えるような感じがして、何も触《さわ》れなくなることもある。ふだんは、触れないのは、何か特定の手ざわりの物だけなのだが。ただ、触れないのはこれとこれですとここで言うことはできない。なぜなら、どの感触の物が触れなくなるかは、日ごとに、いや、時間単位、分単位で変わるのだから。ひどいときは、部屋の中で空気が循環するのさえ痛く感じられることもある。ありがたいことに、これはたまにしかない。それに、この問題があるのは手と足だけなのだ。ほかの人たちの話を聞いていると、全身がこんな感じだという人々もいる。気の毒なことだと思う。ぼくでさえこんなにつらいのに、さぞ大変だろうと思う。とてもがまんできないんじゃないだろうか。

ぼくは視覚にも問題がある。黄色を見ると、目がくらんでしてしまうのだ。黄色い物を見ると、太陽をまっすぐ見るみたいな感じがする。太陽みたいに明るい物じゃなくても、くらくらするのは変わらない。

一九九三年、トロントで開かれた国際大会で講演したときにこの話をしたことがあるのだが、客席の反応は、何というか、こちらがどぎまぎするようなものだった。黄色いシャツを着たある男性など、何と、話のとちゅうなのに、席を立って出て行ってしまった。また別の男性は、ぼくと話をする間じゅうずっと、黄色いバッジを手で覆っていた。ぼくをつらい目にあわせたくないからというのだ。ぼくのためにここまでむりをしてくれるなんて、お二人の気持ちは非常にありがたく思うが、そこまでしてくれる必要はない。これはぼくの問題であって、彼らの問題じゃない。こちらでやりくりすべき問題だ。黄色はありふれた色で、あちこちにある。どんなに気にしないでいようと思っても、無視するのはむりだし、まったく避けて通ることもできない。

蛍光灯の光は神経に障《さわ》る。そのため、アメリカ自閉症協会の委員会に出席しているときにも、何度か感覚のオーバーロードに陥ってしまったことがある。とはいえ、それなりに工夫をすれば、解決できないことではない。人の多い場所、みんながあらゆる方向へ動き回っている場所も、ぼくにはつらい。学会や大会などの会合もそうだ。でも、あまりにきつくなってきたら、ホテルの部屋へ帰るか、どこか「鎮まるための」場所へ引っ込めばいい。しばらく閉じこもって、ペースを落とし、自分をとり戻す。そうすれば再び、すべてオーケーになる。

まぶしい光はよくない。陽の照っている表へ出て、吐き気に襲われたこともある。フラッシュなどの急な光や、点滅する光でも同じようなことになる。ただ、その方がはるかにひどい。

前にも書いたが、食べ物にはひどく苦労している。聞くところによると、食べられないのは、食感がネックになっているケースがほとんどなのだそうだ。ぼくもある程度は当てはまる。なぜなら、ぼくの食べられる物は、（全部とは言わないけど）ほとんどがとてもやわらかいものだから。

でもぼくの場合、味も関係している。どう説明したらいいのかよくわからないのだが、ほとんどの食べ物は、とにかくおいしいと感じられない。あまりにまずくて、どうしても食べられない物が大部分なのだ。

やりたくてやることと、しかたなくやることとでは、感じかたにも差が出てくる。自分でやりたいこと、やりたいという欲求を感じていることなら、何の問題もなくこなすことができる。ところが、本当はやりたくないけどどっちみちやるしかないこととなると、じゃまに負けてしまう。これは、学校に行っていたころにトラブルの元になった。でもときには、内容に興味を感じて、身が入るばかりか、本当に楽しめることだってあった。たとえば、文化学の授業がそうだった。古代ギリシャやローマの文化には夢中になった。ある文化に特有の建築様式と、その文化の世界観や風習とを比較するのもおもしろかった。

ところが、物理の授業では事情がまったくちがっていた。ぼくはどうがんばっても、しくみが理解できなかった。ぼくだって本当に、本当に物理がわかるようになりたかった。先生にそう言ってみたけれど（この先生は、どうしてもぼくらを苗字でよぶのをやめなかった。もしかしたら、生徒のことなんて、ちっとも大事に思ってないのかもしれない）、先生が言うには、授業がわからないのなら、基本的にそれはぼくの責任であって、先生にはどうすることもできないという話だった。授業を聞いていたって、先生の論じている基本概念自体がわかっていないのだから、演習をやろうなんて気にはなれなかった。どっちみち失敗するにちがいないと思えたからだ。その科目では成績もあまりふるわなかった。ぼくがカレッジをやめたのは、そのすぐ後だったように思う。その後もぼくは、ときおり図書館で物理の本を借りてくる。今では、あのころよりもずっとよく理解できるようになった。あのろくでもない先生に教えていただいたおかげじゃない。勉強を身につけるためには独学するしかないのなら、それはそれでしかたがない。独学が向いているんなら、独学するまでだ。

テンプル・グランディンは、種類によっては着られない服があるとくり返し発言している。ぼくも同じ悩みをかかえている。とはいえ、着られない物の種類は全然ちがうのだが。

マンションに一人でいるときは、スピード社製の水着に、ぼってりしたトレーナーを着ている。これが一番、着心地がいい。半ズボンははけない。最後にはいたのは六歳のときだ。袖は半袖より長袖がいい。きっと、形だけにせよ、圧迫感が関係しているんじゃないかと思っている。それから、ビジネススーツはとにかく**大きらい**で、持ってさえいない。

散髪するのは**ものすごくつらい**。ひどく痛くて、いつも、可能なかぎり（つまり、講演をする直前まで）先送りにしてしまう。中でも最悪なのが、櫛を使うこと。ブラシも使えるものがなかなかないが、ありがたいことに、いくつかは確保できている。
固形の石けんも困りものだ。だが、液状の石けんなら使えるとわかった。値段は高いが、固形のほど痛くないので、よぶんに出費するだけの値うちはある。シャンプーも使えないものが多い。一番気に入っているのは、ヴィダル・サスーンの「ウルトラ・ケア」だ。かみそりも悪夢のようにつらい。でも、回転式の電気かみそりならがまんできることがわかった。それ以外は、どうしても使えない。

各種のセラピー・治療方針　長年の間に、ぼくはいろいろな治療法を経験してきた。ここで、これまでに受けてきた治療について、どんなものだったか、どれが効き、どれが効かなかったか、効いた理由、効かなかった理由などを語ろうと思う。

ぼくが幼いころ、両親は、子どもたちが悪いことをしたときは、棒で叩くのがいいと固く信じていた。ぼくにとっては、叩かれても効果はなかった。その実例を一つ（本当はたくさんあるのだが）あげよう。今でもはっきり覚えているが、ぼくは**毎週**日曜日、教会から帰ってくるたびに叩かれていた。
毎週かならず叩かれていたということは、叩かれてもちっとも身についていなかったとしか思えない。さらに悪いことに、おかげでぼくは、教会へ行くのをひどく怖がるようになった。なぜって、教会へ行って帰ってきたらどんな目にあうか、よくわかっているのだから。これはわが家の伝統のようなものだった。うちは四人きょうだいだったが、日曜の朝に喜んで起きる子など（もし仮にいたとしても）ほとんどいなかった。起きれば教会へ行くことになるのだから。でも両親としては、わが子に神さまのことを教えたかったのだ。神さまを敬ってほしかったし、神さまを愛してほしかったのだ。ぼくの場合、両親のやっていることはまさに逆効果だった。聖書には「神を怖れる心は、智慧の始まり」とはっきり書いてある。これが本当だとしたら、ぼくは幼くして、まことに深い智慧を備えていたものらしい。

ぼくには、何が悪かったのか、まったくわかっていなかった。両親も、ぼくにわかるようなやりかたでは**説明**してくれなかった。そんなわけだから、ぼくの頭の中では、叩かれても、ただの乱暴で終わってしまった。それに、おかげで人を信用する気持ちを失ってしまい、その影響は今に至るまで続いている。

中学一年のときにも、よく似たできごとがあった。保健の授業で校外学習があり、コロンバスの科学博物館へ行くことになった。ぼくたちはみんなでまとまって行動するように言われ、グループから離れた者はあとで体罰を加えると警告されていた。ぼくはみんなから離れた。好きで離れたわけじゃない。感覚の負担が過剰になって、離れるしかなかったのだ。自分ではどうしようもなくみんなとまとまっていたかった。でも、どうしてもむりだったのだ。もっと静かで、刺激の少ない場所を見つけて、気を鎮める必要があったのだ。気分がおさまると、ぼくは自発的にみんなと合流した。ぼくがちょっとの間いなくなっていたなんて、みんな、気づいてさえいないだろうと思っていた。

その日は金曜日だった。次の月曜日、ぼくは職員室へ呼びだされた。行ってみたら、いっしょに保健の授業を受けている生徒の半分ちょっとが集められていた。ほかの子が教えてくれたのだが、みんなで一列に並んで、叩かれる順番を待っているのだという。一人ずつ校長先生の部屋へ入り、すてきなごほうびをちょうだいするというわけだった。

ぼくの番になった。部屋に入ると、校長先生と保健の先生が長々と（つまらない）お説教をしてくれて、なぜここに呼ばれたのか、これから何をされるのか、わざわざ教えてくれた。ぼくは椅子にもたれるように言われた。それから、保健の先生に、腰に何か持病はないかねときかれた。ぼくは答えた。「いえ、今のところはまだありません」

おそらく、これを言ってしまったせいで、ぼくはほかのみんなよりもひどくやられたんじゃないだろうか。

さて、子ども時代をつうじてずっと、ぼくはあちこちの病院へ連れていかれた。小児科医、心理士、精神科医。どこが悪いのか、だれ一人つきとめることができなくて、ぼくは同じテストを何度も何度も受けさせられることになった。あの、丸い棒を四角い穴に押しこむというやつを何回やったか、とても数えられない。

こんなことをしても役にはたたなかった。役にたつどころか、こっちは腹が立つし、歯がゆいし、次の医者を信用する気がうせるのだった。何度もやった**同じ**テストをまたやらされるなんて、いやだった。でもぼくは、いつも言われるとおりに従うのだった。そしてもちろん、ぼくには口を出す権利などなかった（ただし、ときには、同じテストをぼくといっしょにやってくれる先生もいて、これはよかった。先生だって恥をかく気があるんなら、ぼくもやってやろうじゃないかと思えたのだ）。

入院していたころも、いろんなことをやらされた。たとえば、「習慣づけのため」だとかいって、**いかなる形でも**ほかの人の身体に接触することを禁止されたことがある。患者仲間や看護師さんをハグしたら、あるいは、手を握ったら、罰として一五分間、自分の部屋に閉じこめられるのだった。これまでいろんな人にされてきたことの中でも、これこそ最も残酷な仕打ちの一つだった気がする。

施設では、毎日いろんな「活動」をしてすごすことになっていた。「活動」の種類は実にさまざまだった。でも、ぼくたち青年期の患者が、あれをやりたいとか、これはやりたくないとか言ったところで、きき入れてもらえることはめったになかった。決めるのはいつも、主治医とそのチームだった。

ぼくが午後にやることになっていた活動の中に、こんなのがあった。その部屋へ行くと、粘土を渡される。マットにむかって投げつけろというのだ。それも、投げたら拾って、また投げる。それを休みなくくり返さなくてはならない。しかも、これをやりながら、同時に話をしろという。セラピストにむかって、その日、気になっていることや、おもしろくないことをしゃべれと言われるのだった。

言わせてもらうけど、なぜこんなことをしなくてはならないのか、ぼくにはさっぱり理由がわからなかった。ぼくと話をしたいなら、もっといいやりかたがあったのに。みんながいっせいに粘土を投げている場所から連れ出して、静かな部屋へ行き、ただ座って話せばよかったのに。こんなくだらない粘土遊びをする必要はまったくなかった。粘土投げなんかしても感覚がオーバーロードになるだけだった。ぼくの触覚は粘土の感触が嫌いだった。ぼくの聴覚は、テーブルに置かれたマットに粘土が当たる音が嫌いだった。ぼくの視覚は、みんながいっせいに粘土を投げている無秩序な動きが嫌いだった。それでも、ときにはぼくだって話してみようという気になることはあった。でも、いざ話そうとすると、粘土を投げる方が止まってしまう。なのにこの先生は、粘土を投げないとしゃべらせてくれない。こうして先生は、ぼくから何か聞き出せそうになるたび、粘土を投げなさいと口をはさんでは、自分でわざわざチャンスをふいにしていたのだった。こうなるとぼくはいつも、話の方はやめてしまうのだった。先生にとっては、ぼくの言いたいことや、ぼくの気持ちなど粘土以下なんだとはっきりわかったから。このセラピストは、ぼくよりも粘土の方に関心があったのだ。

粘土投げの部屋を出てすぐのところには作業場があって、患者たちがのこぎりで丸太を挽いていた。そうでなければ、切った丸太を斧で割っていた。こうして割った丸太は回収して、薪として使われるのだった。こうして薪割りをしても、患者に手間賃が支払われることはなかった（いかなる別名で言いかえようとも、強制労働にはかならず、不正の臭いがつきまとうものだ）。ぼくも一時期、この活動を「指定」されたことがある。ぼくが肉体労働のつらさを学んだのは、このときだった。このときの苦痛といったら、スポーツなどで激しく体を動かしたときに感じるようなものじゃない。それだったらぼくにもがまんできる。このときの苦痛は、そんなレベルをはるかに越えていた。あんなにつらかったのは、筋肉の発達が悪いせいなのか、自閉症ゆえに固有受容システムに問題があるせいなのか、それとも、両方が少しずつ混ざっているのか、それはわからない。でも、これだけははっきりわかっている。あの人たちは、ぼくを痛い目にあわせた。しかも、そのことを何とも思っていないらしかった。

心理療法もずいぶん受けたが、効果があったとは思わない。施設で受けた心理療法には、グループ・セラピーを中心とするものが多かった。ほかの参加者たちの目には自分がどう見えているか、みんなに批判されたり、意見を言われたりして、それを聞くという形だ。そうでなければ、地下の診察室でお医者さん（たち）と向かい合って、今このとき、どんな気持ちを「感じて」いるかを語るのだった。

どちらのセラピーにも、それなりの利点はある。そのことはだれもが認めるところだろう。でもそれは、当時のぼくが必要としているものじゃなかった。ぼくだって、もっと後になれば、この種のセラピーが必要になったかもしれない。でもその前に、もっと別のものが必要だった。そして、その「別のもの」は、その病院では提供されなかった。

　ぼくがどんな気持ちかなんて、きく必要はなかった。きかなくたって、見ればすぐにわかっただろうに。ぼくは**混乱していて、歯がゆくて、死ぬほど怖かった**。ぼくの気持ちなんて、それで全部だった。本当にそれだけ。実に単純な話だった。混乱していたのは、自分はどこが悪いのか、なぜいろいろうまくいかないのか、さっぱりわからないから。歯がゆかったのは、どうすればいいか、どうすれば解決できるか、わからないから。そして怖かったのは、うーん、そうだね、ずっと、**いつでも**、怖いものだから。

　ぼくに必要だったのは、だれかが目の前に座って、説明してくれることだった。「**いいかい、トーマス君。これが問題の正体だよ。名前はこういって、意味はこれこれこういうことなんだ。耳が痛くなるのも、このせいだし、だれかに抱きしめてもらわずにはいられないのも、ほかのみんなとは物の見えかたがちがうのも、このせいなんだよ。食べ物が食べられないのも、勉強がわからないのも、数学が理解できないのも、作曲や演奏がほかの人よりじょうずなのも、自分の世界へ逃げこんでしまうのも、人が怖いのも、これのせいなんだ。そして、こういった問題と折り合っていけるよう、この病院ではこんな援助ができるよ**」って言ってくれればよかったのだ。

これだけのことなのに、何がそんなに難しいんだろう？　どうしてこれをやってくれなかったのだろう？　こうして説明してくれていたら、ぼくだって、少なくとも、自分が何と闘っているのか知ることができたのに。相手の正体も知らずに闘うなんて、できるものじゃない。

ときには、偶然だったにせよ、だれかが本当に役にたつ方法を思いついてくれたこともある。子どものころ、ぼくは歌や物語をたっぷり聞かされて育てられた。わが家ではいつも、アイルランド音楽が流れていた。これは本当によかった。とても大切なことを二つ、ぼくに教えてくれたから。その二つは、この本にも反映されているし、権利擁護運動にも役にたっている。アメリカ自閉症協会の委員会でも、役だててきた。

ぼくが学んだのは、愛することの歓びと、戦争の恐ろしさだ。

ことばで言い聞かせても、どなりつけても、お仕置きをしてもぼくには通じなかったのに、音楽は（それと、歌の歌詞は）ぼくの意識に届いた。音楽は、ぼくと母とを結びつけてくれるただ一つの架け橋だった。母はアイルランド音楽とアイルランド文化を心から愛していたのだ。ぼくは、文化の方にはもう一つ興味をひかれなかった。そして、アイルランド文化のことで何かわからないことがあったときも、疑問に対する答えは、きまって、音楽を通じて与えられるのだった。

残念なことだが、母の音楽への愛は、さらに大きなスポーツへの愛にとって代わられてしまった。だからぼくと母の間には、ただ一つの架け橋さえもなくなってしまった。その上、あのたくさんのレコードたち、かつては休みなくわが家をメロディーと、歌と、幸せとで満たしてくれたレコードたちも、今では片隅で眠っている。埃をかぶったまま、再び昔のように活躍する日を夢見ている。

それでも、音楽はたしかにぼくを助けてくれた。とはいえその当時は、音楽に効き目があるだなんて、だれも知らなかったのだけれども。

ぼくは小さいころからずっと、電気に興味があった。元はといえば、この世界のしくみを（ついでに、宇宙全体のしくみも）知りたいという渇望が強かったせいだろう。そんなわけでぼくは、なんでもかんでも分解する子になった。父はときどき、何かしら分解できる物を職場から持ち帰ってくれることがあった。ぼくがひとりで分解することもあれば、父と二人でやることもあった。

そうやって数えきれないほどの機械を壊したのち、ぼくは、ただ分解するだけでなく、元どおりに組み立てることを覚えた。そして、元どおりに戻すだけでは飽き足りなくなると、最初にはなかった性能をつけ加えるようになった。これはみんな、試行錯誤をくり返して独学したものだ。あのころだけで、ぼくはゆうに一生分くらいは感電したにちがいない。

思えば実にたくさんの道具をなくし、実にたくさんのおもちゃを台なしにしたものだ。でも、それを許してもらえていなかったら、今の知識は手にできなかっただろう。今では、この知識が本当に役にたっている。ぼくには、自分なりのやりかたで、自分なりのペースで学べる条件こそ必要だったのだ。それさえ整えば、あとは簡単だった。

一時期ぼくは、毎週月曜日の午前一〇時から午前一一時までは作業療法士さんのところへ通っていた。これも役にたったことの一つだ。感覚統合訓練をやったあとは、まさに欠けていた部分が満たされて、足りない所がないみたいな感じになる。またあそこに通えたらいいのにと思う。通うのをやめて以来、満たされて、足りない所のない感じを失ってしまった。

ほかの何よりも助けになってくれたもの、どんな薬よりも、どんなセラピーよりも役にたってくれたものといえば、友だちにそっと抱いてもらうことだった。これについては、これ以上は語らない。なぜなら、これについては、語らなくてはならないことなんて、これ以上ありはしないから。

そして最後に、ここ最近のぼくにとって一番助けになってくれたのは、アメリカ自閉症協会だ。理由はもはや、言うまでもないだろう。

もう、自分を否定するのはまっぴらだ。
自分を知り、愛したい。でも
そのためにはまず、自分の中の自分と
出会わなくては――。

トーマス・マッキーン

PART 2

ぼくと友だち

大事な友だち、グウェンドリンのこと

グウェンドリンに初めて会ったのは、イリノイ州アーバナ。パークランド・カレッジで開かれた礼拝の集まりのときだった。一九八三年のことで、マイケルの紹介だった——ということになっている。実をいうと、ぼくはそのことを覚えていない。礼拝に行ったのは覚えているし、ぼくにむかって片手をさし出すマイケルも覚えている。集会の間じゅうずっと、ひどく怖かったこともはっきり覚えているし、マイケルがぼくの恐怖の原因はわからないなりに、ぼくがおびえてるのをわかってくれていたこともはっきり覚えている。でも、グウェンを紹介してもらったところは記憶にない。だから、ぼくの記憶をあてにするなら、わが最良の友の一人は、ぼくが「出会ったことのない人」だってことになってしまうってわけだ。

実際に覚えているかぎりで一番古いのは、学校のロビーで会ったときの記憶だ。ロビーの一角に、パークランドのキリスト教団のメンバーのたまり場になってる場所があった。ぼくがそこで知り合いと話をしていたら、グウェンがやってきた。彼女は、片手で持って使うタイプの小型テープレコーダを持っていた。スピーカーがついてて、ヘッドフォンなしでも再生できるやつだ。

そして、自分が今聞いていた曲をぼくも聞かないかと誘ってくれた。

　こんなきれいな人が、どうしてぼくなんかのために時間を浪費しているんだろう？　ぼくなんて、相手にする値うちないのに！　というのが第一印象だった。でもその一方、彼女を追い払いたいという気はこれっぽっちもなかった。ぼくはほほえみを浮かべて、じゃあ聞かせてと言った。聴覚の機能不全のせいで、かけてもらっても、ぼくにはよく聞こえなかった。そのときの曲が何だったのか覚えていたら、グウェンにまた聞かせてと頼んでみたいところなのに。


　そのとき以来ずっと、彼女には何度もたずねたものだ。ぼくとの間に友情を築くため、あそこまで努力をはらってくれたのは、なぜなの？　って。ぼくたちは友だちになることができたけど、そのための努力のほとんどは、ぼくによるものじゃない。グウェンが意識的に努力してくれたのだ。こんなことは、ヒトの行動としては異例のものだし、ぼくはすっかりめんくらってしまった。でもその一方で、好奇心もそそられた。もしかして、このぼくもついに、**友だち**がいるってどんな感じがするものか、知ることになるんだろうか？　これは、ぼくが生まれてこのかたずっと知りたいと思ってたことだったのだ。

　グウェンはぼくの疑問に答えてくれた。もっとも、ぼくにもはっきり理解できるような説明ではなかったけど。彼女の信条とか、性格なんかについてグウェンに質問をしたら、彼女はきまって、自分の子ども時代のことを例に出して説明してくれる。グウェンは、本来の自分の姿にとても忠実な人だが、今の自分だけじゃなく、今の自分になる前の、昔の自分のこともよくわかっていて、きちんと折り合いをつけている人なのだ。

先のぼくの質問にグウェンが答えてくれたのは、もう何年も前のことになる。その答えがどういうことだったのか、ぼくには今でもはっきりとはわからない。でも、これはわかっている。彼女は、ぼくの友だちになる必要を感じたのだ。どこかおかしい、何かがおかしいと彼女は気づいていた。そして、ぼくをほんのちょっぴり楽にさせることが自分にはできると感じたし、そうしなきゃと感じたのだ。ぼくは何て恵まれてたんだろう！　それから一〇年後の今、彼女は、ぼくたちが出会ったのは（ほとんどがとは言わないにしても、ある程度は）、神さまの見えない力のおかげだと言っている。こうして出会えたおかげで、これだけの友情が実ったことを思うと、ぼくにはとても反論できない。

ぼくらが出会ったのは、秋がすぎ、冬にさしかかるころだった。ぼくたちパークランド・カレッジの学生は、またしてもアーバナ特有の、雪に閉ざされた冬を迎えようとしていた。ぼくは車を持っていなかった。本来の予定では、進学でイリノイに移るとき、六七年のムスタングを持って行くはずだった。ところが、進学の直前に事故を起こして、ムスタングは廃車になってしまった。グウェンは車を持っていて、放課後、いろんなところへ行くのに、よくぼくを誘ってくれた。ぼくから頼んだわけじゃない。少なくとも、たいていはそうだった。彼女が誘いたくて誘ってくれているように、ぼくには思えた。

この人を前にして、ぼくの感情は二つに引き裂かれていた。ぼくの中のある部分は、こんなすてきな、こんなきれいな友だちができて、本当にうれしくて、天にも昇る気分だった。でも別の部分では、いったい裏にはどんな理由があるんだろうと必死で考えていた。でも、いくら考えても、さっぱりわからなかった。

グウェンはとても信心深い人だった（それは今でも変わらない）。神さまを、キリストを心から愛し、信じていて、そのことを隠そうともしない。彼女の聖書の読みかたは、「敬虔《けいけん》」としかいいようがない。グウェンは自分の信じる決まりを厳しく守っている。決まりといっても、なんということもないありふれたものばかりだ。この決まりに反する行動をとらなくてはならないときは、時間をかけ、一所懸命に考えて、少しでも自分なりの基準に近い選択肢を見つけようとする。グウェンは、ぼくの知っている人たちの中で、一番倫理的な人だ。そのことは、一〇年前にもはっきり見えていた。一〇年前といえば、ぼくらは二人とも今よりずっと若かったし、ぼくは今よりずっとよその世界に隠れていたけれど、そんなぼくにも、グウェンの徳の高さははっきりわかった。なぜなら、グウェンドリンはぼくにもわかるよう、できること、しなくてはならないことはなんでもしてくれたから。そのためにぼくの世界に入ってくるしかないとあれば、入ってくることだっていとわなかった。彼女はぼくの世界をかき乱すことなく、静かにたずねてきて、愛とは本当はどんなもので、本当は何を意味するのかを教えてくれた。そのことがあってからぼくは、ぼくもなんとかして彼女の世界を訪問しなくちゃと思うようになった。だってグウェンは、あんなに親切に、わざわざすすんでこっちの世界まで来てくれたのだから。それまで長年のあいだにおおぜいの専門家に診てもらったぼくだが、専門家たちはだれひとり、自分からぼくの世界へ来ようなんて考えもしなかったのに。

もう一つ、これも出会ってすぐのころから気づいていたことだが、グウェンドリンはあれほど深く神さまを信じていながら、自分の信仰を人に押しつけることがなかった。ぼくにとっては、これは見慣れないことだった。なぜなら、自分を「キリスト教徒」と自認する人たちのたいていは、自分の信仰は他人にもなるべく強く押しつけなくてはならないと信じているものだから。まあ少なくとも、ぼくがそれまでに会った人たちはそうだった。その上、相手の信条が自分の信仰と**寸分違わず**一致していないとなると、ついにはまるっきりつき合いを絶ってしまおうとする。それがある日突然、まったくそうじゃない人が現われた。宗教界に何世紀も続いてきた悪風を、いったいどうやったのか、グウェンはみごとにふり捨てることができてしまった。キリスト教も、誕生した当初はすばらしいものだった。グウェンはその基本に立ち返ったのだ。彼女には人々を愛する気持ちがあった。まさにキリストが命じたとおりだ。彼女の愛しかたは、神さまみたいな愛しかたで、相手が信じてくれようとくれまいと、かかわりなく愛するのだった。だって、キリスト教徒にとっては、人々を愛することは、義務というよりは権利なのだから。神の愛について語る人はおおぜいいる。でも、神の愛を生きるところまで行く人はひとにぎりしかいない。グウェンはその貴重なひとにぎりの一人だ。ぼくが彼女に惹かれたのは、煎じ詰めればそのおかげなのだろう。

グウェンドリンなら全面的に信用してもだいじょうぶだということは、ぼくにもじきにわかった。ぼくが彼女に送った手紙の写しは、この一〇年で一〇〇〇枚以上になった。その多くは、自閉症とはどんなものなのかをみごとに描写している。もっとも、書いた当時は、自分がやっているのが自閉症の描写だなんて、これっぽっちも知らなかったのだが。ぼくはただ、聞いてくれる人ができたから、感覚がうまく働いてくれないことをグチっていたにすぎない。感覚の問題には自分でも気づいていて、これが「正常」なのかどうか、自問もしてたし、彼女にも質問した。学校で精神保健を習っていたのだから、自閉症についても読んだはずだが、覚えていることといえば、ほとんどの人に知的障害があること、コミュニケーションと対人関係のスキルに障害が出ることくらいしかない。

ぼくがとうとうトーマスと出会うことができたのは、なんといっても、彼女に手紙を書き続けたおかげだった。その過程では、何度か、まちがった方向へ進んだこともあった（たとえば、統合失調症について調べてみたり）。ぼくにははっきりわかっていた。グウェンドリンが相手なら、何でも言いたいことが言えた。いくらでも自閉症らしいことが書けたし、好きなだけ自閉症のままでいられた。探している答えを見つけるためには、自閉症らしいままでいる必要があったのだ。そのせいでぼくがどんなに風変わりに見えても、どんなに場違いでも、どんなに不気味でも、グウェンは関係なく愛してくれた。

ぼくがここで言おうとしてるのは、きっとこういうことなんだろう。彼女には何かしらすごい力があって、あの当時からすでに、「自閉症」と「人間の中身」とを見分けることができた。そして、人間の部分だけを見てくれたのだ。ぼくの経験からいって、これができる人はとても少ない。

自閉症って何？　とグウェンにたずねてみても、彼女はきっと、ちゃんとした定義を述べることはできないだろう。でもそれでいて、彼女は自閉症を深く理解している。おかげで、ぼくの人生は年を追うごとにぐんぐん楽になっていったし、実りあるものになっていった。

グウェンドリン、ありがとう。

グウェンドリンのことば

グウェン・ボシンガン・ジェム

トムに初めて会ったのは、一九八三年の秋のことでした。トムは髪の長い、痩せた男性で、彼についてわかっていることといえば、ギターが弾けることと、ほとんどいつもといっていいほど、まるでとほうにくれたような表情をしていることでした。私も彼も、イリノイ州南部のとある短大の学生でした。彼は一八歳で、精神病院でのつらい生活を終えて退院してきたばかり。私は一九歳で、聖書学校で一年間の寮生活を終えたばかりでした。

時間と運命とに導かれるまま、つき合いが深まっていくにつれて、私は、トムのかかえている「問題」がいかに根深いものであるかを思い知ることになりました（「問題」ということばを使ったのは、当時の私は、ただ「何か問題があるらしい」としか知らなかったからです。それはトムとて同じでした。彼もまだ、自分が自閉症だと知る前でしたから）。正直に白状します。私も一度ならず、彼とのつき合いから逃げだしたいと思うことはありました。自分は本当にやっていけるのか、自信が持てなかったのです。そんなとき、先へ進もうという気持ちになれたのは、信仰があったから、キリストのことばを信じていたからでした。

それでも、私もトムも、まだまだ成長途上でした。二人とも大人に近づいていくに従って、私たちも、お互い、どんな役を演じればいいのかがわかってきたのです。私は私で、「そうか、トムが友だちってものに求めてるのは、こんなことなのね」とわかってきました。一方でトムも、私にもできることとできないことがあるらしいと気づいていったのです。

彼の希望にすっかり合わせるなんて、私にはもちろんできません。でも彼だって、そんなにあれもこれも求めているわけではなかったのです。彼が求めていたのは、そして今も求めているのは、ただ一つ。私たちがだれしも心の底で求めているのと同じ、「無条件の受容」でした。痛む心をやさしく包み、これでいいんだ、だいじょうぶなんだ、特別なことなどしなくとも、この人は関係なく愛してくれるのだという、あのなんともいえず心強い気持ちを与えてくれる塗り薬がほしかっただけなのです。

ふだんは郵便や電話の助けを借りながら、年に一度はお互いを訪ね、トムと私の友情は一〇年以上も続いてきました。

トムは本当に非凡な人です。この本をお読みになれば、みなさんにもわかるでしょう。彼の才能は、音楽と文章だけではありません。機械の発明や改造だってすごいんです。勇気があって、やさしくて、思いやりもあります。トムはいわば、未完成の芸術作品のような人です。そんな彼が少しずつ磨かれていく途中経過に立ち会えるなんて、私はなんと恵まれているのでしょう。トム、私はあなたが大好きよ。

友情にありがとう

これまで二八年生きてきたぼくだが、「この人なら、生涯、友だちでいられるだろう」と、これっぽっちも疑うことなく断言できるような相手といえば、マイケル・ジェブとグウェンドリン・ジェブしかいない。ある日突然、ぼくはひとりぼっちではなくなっていた。ぼくの世界といえば、それまではぼく一人の世界だった。それが初めて、友だちとよべる人たちを招けるようになったのだ。

この二人との友情がどんなものかについては、そして、彼らの友情のおかげで、ぼくが回復への道を歩みはじめた事情については、この本の中で少しだけふれてある。本当に「ふれてある」としか言いようがない。いや、「わずかにふれるしかできなかった」と言おうと、「ここに書いたことは氷山の一角にすぎない」と言おうと、どうしたって誇大表現になってしまう。それくらい、ぼくらの間に起きた現実はもっともっと大きなことだったのだから。

ぼくたちの友情の話を正しく語ろうと思ったら、それだけで一冊の本になってしまう。しかも、人の手では持てないような厚さの本になる。もしかしていつの日か、二人の坊やたちがもう少し大きくなったころにでも、三人でいっしょにそんな本を書いてみるのもいいかもしれない。ぼく自身は、これはぜひ実現させる必要のある仕事だと思っている。

ぼくたちの関係は、自閉症の人間一人と、そうでない人間二人の関係だ。そして、二人がおおいに努力してくれているおかげで（そして、ぼくもたぶんちょっとくらいは努力してるおかげで）、ぼくたちのつき合いはうまくいっている。ぼくがこうして回復できたのも、二人ががんとしてあきらめなかったから。そして、自閉症の部分だけにとらわれず、ぼくと出会える道を必死で探ってくれたから。あのころのことは、ぼくもはっきりと覚えている。二人は本当にとんでもない苦労をしてくれた。ぼくたち三人がどうやってつながり合えたか、うまくいったのはなぜなのか、それをほかのみんなにも伝えることができれば、世の中におおぜいいる自閉症の子どもたちのために役にたつんじゃないかって気がする。

ぼくがこれまでなしとげてきたことは――自閉症にかかわることも、それ以外のことも――どれも、この二人の支えがなければできなかった。二人がぼくを見つけてくれなければ、ぼくの人生はずいぶんちがったものになっていただろう。正直なところ、今ごろはどこかの施設に幽閉されて、死ぬまでそこですごす運命になっていたと思う。そうならずにすんだなんて、なんと恵まれていたことか！　トーマスが自分の権利を守り、自由の身でいられるのは、二人という支えがあったおかげなのだ。

いつか、ぼくらの関係について詳しく書ける日がくるとしても、それは早くとも三年か四年は先のことになる。でも、いつか書くかもしれないその本も、いや、この本だって、すべては一行に凝縮されてしまう。本当に、どうしても言わなくてはならないことは、たった一行なのだ。次の一行こそ、今のぼくの正直な気持ちだし、これからもずっと変わらないんじゃないかと思う。

「グウェン、マイケル、ありがとう。ぼくを愛してくれてありがとう。」

愛情をこめてこの本を、二人に捧げる。

トムとの出会い

マイラ・ローゼンバーグ（『Children with Emerald Eyes』著者）

「帰らないでほしいんです」と彼は言いました。

「でも帰らなきゃならないのよ」私は答えました。

「先生には戻ればまたやることがある。ぼくには何もありません」

「あるわよ。あなたにもあなたの人生があるの」

「どこにあるんですか？」トムはたずねてきます。

「あなたの中にね」と私は答えました。「自分の中を探してみるの」そう言いながらも、彼にそれだけのエネルギーがあるものかどうか、私にはなんともいえませんでした。

　私は彼の整った顔に目をやりました。悲しげで、情感にあふれ、答えを探し求めるようなその目は、私の目にくい込もうと必死です。それにあのほほえみ。とてもほほえみとはよべない、しかめ面としか見えない、奇妙なほほえみ。助けを求める叫びはあまりに激しく、とてもかかえきれませんでした。彼の悲しみはあまりにも重すぎましたし、助けようにも、してあげなくてはならないことが多すぎました。だから私は、彼を一人で旅立たせるしかなかったのです。

そこはオハイオ州コロンバスの空港。私はニューヨークへ帰ろうとしていました。トム・マッキーンは自閉症でした。

私は人生の多くを、自閉症の子どもたちのための仕事に費やしてきました。子どもたちのことは愛していましたし、何とか理解しようと努めていました。でも私が相手にしていたのは、いつも子ども。子どもしか知らなかったのです。トム・マッキーンは大人。二六歳の大人でした。

一九九一年夏のある日、私に電話がかかってきました。そのときの会話は、こんなぐあいでした。

「ぼくはトム・マッキーンです。先生の本を読みました。非常に良いと思いました。どうして自閉症のことをそんなにご存じなのですか？　先生は自閉症ですか？」その声には抑揚というものがありません。ことば使いは厳密で、大げさなくらい堅苦しいものでした。

「ちょっと待って」私は口をはさみました。「私の電話番号をどこで調べたの？　電話帳には載せてないのに」

彼は笑って答えました。「工夫をこらすのは得意です。少々てこずりましたが、われながらうまくやったものだと思います。ぼくは二六歳の自閉症男性です」

私の耳がぴくっと動きました。アンテナが反応したのです。彼のしゃべりかたにもようやく納得がいきました。

「ぼくは書くのも得意なんです。詩も書きますし、お話も書きます。作曲もするし、発明もします」「先生の本がとても良かったので、ご挨拶したくなりました。何かのお役にたてたらと思います」

「文章が書けるの！」私は大声になりました。「手紙をちょうだい。あなたのことを書いてほしいの。自閉症でいるってどんな感じがすることなのか。あなたの話を書いてほしいのよ。あなたでいるのはどんな感じなの？　あなたには何ができて、何ができないの？　それはなぜ？　気持ちよく暮らすには、何があればいいの？　つらいのはどんなとき？　あなたは、自閉症じゃない人たちとはどこがちがうの？　書いて書いて、書きまくってほしいのよ！」私はものすごい勢いでまくしたてました。

電話を切って、私は思いました。本当かしら？　今の人、本物なの？　からかわれてたのかしら？　それとも、本物の、生きた、自閉症の大人で、意味の通じる話ができる人が電話をくれたってこと？　自閉症でいるってどんな感じがするものか、私にじかに教えてくれるっていうの？　教えてくれるのは、彼の意見かしら？　それとも、経験したこと？　私はずっと、自閉症ってどんな感じなのか、想像するしかなかった。それがとうとう、自閉症の人から教えてもらえるってわけ？

それまでずっと、私は何度となく、どうにか想像しようとがんばってきました。仕事で接する子どもたちのことを知ろうと思えば、勘に頼り、推測するしかなかったのです。子どもが自分で、自閉症ってこんな感じなんだよと教えてくれることなど、ただの一度もありませんでした。子どもたちはただ、手がかりをくれるだけでした。

それがとうとう、トム・マッキーン君が、大人になった自閉症の子どもが、自分の話を語ってくれるというのです。私は初めて、何から何まで想像しなくてもすむのです。

一九九一年の八月。私のもとに、二〇〇ページにのぼる手紙が届きました。その手紙は、何度も書き直され、この本になりました。

トムが本当に実在の人間なのか、私には手紙を受け取ってもまだ確信が持てませんでした。これは確かめるしかありません。私はオハイオへむかいました。おおぜいの友だちに止められました。みんな、「斧をふり回す殺人鬼だったらどうするの?」と言うのです。飛行機を降りると、柱の脇に立っている男性が目に止まりました。私が怖いのか、ちぢこまっているように見えます。まるで、今にも消えてしまいたそうにしています。私は男性にまっすぐ近づき、荷物を渡して「トム君、こんにちは」と言うと、そのまま彼の自宅へむかいました。ひと目でわかりました。まぎれもなく、彼は自閉症でした。

彼の自宅は、機械類でいっぱいでした。ビデオ、ラジオ、コンピュータ、電話、ありとあらゆるコミュニケーション機器。電話には時計や音響機器が接続してあります。どれも、トムが自作したものでした。別世界の、不思議な迷路でした。

オハイオには三日いました。その間ずっと、トムは私の手をきつく握りしめていました。あまりにきつくて、折らないでねと言わなくてはならないほどでした。トムは私と「つながる」しかなく、それしか選択肢はありませんでした。彼は私の目をじっと見つめずにはいられなかったのです。あまりに激しく見つめられて、視線をはずすことなどできなくなってしまいました。

その間ずっと、私たちは話をしました。彼はたくさん、たくさん教えてくれて、それからまた、二人で語り合いました。トムのご家族にも会いました。

それまで三〇年以上も、私は自閉症の子どもたちに関心を寄せ、仕事でも接してきました。子どもたちのためにセンターをいくつも設立しましたし、彼らを守るため、闘ってもきました。自閉症の子どもたちについて、本も書きました。そうして経験を重ねるにつれて、考えを改めたこともたくさんあります。たとえば、子どもたちがさまざまな行動をとる動機については、解釈がだんだん変わってきました。自閉症の原因についても、意見が変わりました。でも、この子たちもたしかにこの世に存在しているのだという思い、彼らも愛し、感じ、ものを考え、苦しみ、腹をたて、幸せを感じているのだという思いは、決して変わることがありませんでした。彼らにも幸せになる権利があるはずだという信念も揺らいだことがありませんし、彼らだって私たちと同様、手伝ってもらえば幸せになれるはずだという確信も、失ったことはありません。自閉症の子どもたちも、人間なのですから。

私たちは自閉症ではありません。自閉症の人々も、私たちとはちがいます。自閉症の子どもは、ほかの子どもたちとは別の曲を聞き、別の曲に合わせて行進しているのです。ときには自分でも、ほかの子どもたちとは別の曲を奏でます。そんな子を理解し、援助するには、本人に従い、ついて行くしかありません。自閉症の子どもたちの中には、私たちにはできないような離れ業をなしとげてしまう子もいます。私たちよりもはるかに頭のいい子だって少なくありません。その一方、行動するとなると、能力が追いつかない子が多いのです。

自閉症の子どもたちの場合、今はこちらの言うことが理解できていないらしくても、「言いかたしだいでは理解する力はありそうなのに」と思えることがあるものです。また、こっちの話を聞いていないように見えて、実は聞いているなとわかることもありました。ことばで話さない子は、別の方法で「話し」ているものです。向こうのことばを知らないのは、私たちの方ではありませんか。力不足なのはこちらであって、子どもたちではありません。私たちはただ、お互い、波長がちがうだけなのです。こちらが先方のことばを理解できないからというだけの理由で、彼らを無視する権利などないはずでしょう。彼らにも天から与えられた才能があるのに、こちらがそれに気づかないケースがあまりにも多すぎます。

自閉症の子どもたちは、私たちのよく知らない、内面の世界に住んでいます。私たちの世界のものさしが、彼らの世界でも通用するとはかぎりません。

彼らの歩む道は、彼らしか知らない、彼らにしかわからない迷路です。私たちは、理解しようにも想像力が足りないし、勘に頼るしかないから知識も足りません。かといって、話をしてきいてみることもできません。こうして私たちは、子どもたちの力になることができず、彼らは一生、ひとりで歩みつづけることになるのです。

自閉症児だったトム・マッキーンは、成長し、自閉症の大人になりました。自分の迷路をひとりで歩くばかりでなく、私たちを連れて、迷路の中を案内してくれることもできる人です。彼はひとりでも歩きますが、一方で、友人たちもいます。

トム・マッキーンが私にくれた手紙は、二〇〇ページにもわたるものでした。こうしてトムは私に、自閉症の人についてたくさんのことを教えてくれました。彼が教えてくれたことの中には、私が三〇年以上前から知っていたこともありました。わかってはいても、ぴったりくる表現が見つからなくて言い表せなかったことや、勇気がなくて口にできなかったことです。一方、それまで少しも知らなかったことも、本当に、本当にたくさんありました。かつて自閉症児だった自閉症者、トム君は、私がことばにはできないながらも感じていたことをことばで表現してくれました。そして、私が「きっとこうにちがいない」と思っていたことを、裏づけしてくれたのです。

これを書いている今は、一九九四年の初頭です。この三年、私はトムとのやりとりを続け、友人としてつき合ってきました。その間に、トムが成長し、りっぱになっていくのも見てきました。ひとりの自閉症の人間が、変身していくのを目の当たりにしたのです。それはあたかも、画家の筆先から絵が生まれ、ただのキャンバスだったものが、どんどん作品として完成に近づくのを見ているようでした。同時に、トムという画家も成長を続けていました。そう、トムは画家でもあり、作品でもあるのです。

トムが私にくれた手紙のことは、人々の間にだんだんと広まっていき、ますますたくさんの人が、それを読むようになりました。トムも、自閉症児を育てるお母さん・お父さんたちの集まりに招かれるようになりました。親御さんたちの前で、子どもたちの行動について、説明する活動をはじめたのです。彼は子どもたちのニーズを説明するだけでなく、自閉症の子どもたちも、一人残らず、一人の人間なのだと力をこめて語ってくれました。そんなトムは、自閉症の世界でだんだん有名になっていきました。あちこちの街へ招かれるようになり、講演の機会も増えていきました。詩もどんどん書きつづけ、私への「手紙」の補足も書きつづけていました。アメリカ自閉症協会の全国本部の委員にも選ばれましたし、成人の自閉症者が孤立した思いを味わわずにすむよう、グループも結成しました。

去年の夏、私は国際自閉症会議でトムに会いました。このときの彼はもう、オハイオで初めて会ったときとはちがいました。一九九一年の彼のような、臆病な、おびえきった、内気で、逃げ腰で、孤独な人ではありませんでした。姿勢もしゃんとしているし、まっすぐ顔を上げています。表情も豊かで、生き生きしていました。私の手を固く握りしめることもなければ、会う人みんなの目を食い入るように凝視することもありません。講演をこなし、ギターを弾きながら自作の歌を歌ったのです。何とすばらしいことでしょう！

トムの本のおかげで、私たちは、これまで私たちには見ることのできなかった世界を見ることができます。トムの本は、ありとあらゆる人たちの役にたつでしょう。あなたも、私も、学校の先生も、セラピストも、母親も、父親も、精神科医も、心理士も、だれにとっても学べることがあるでしょう。そして、私たちが学べば、自閉症児・者を援助する上で、それだけ役にたつのです。

PART3

仲間たちのために言っておきたいこと

聴覚訓練

テンプル・グランディンと最初に話をしたときのことは、これからもずっと忘れないだろう。それはぼくがこの本の元になった『マイラ三部作』を書く前、自閉症協会本部の委員になるよりも前、運動にかかわりを持ちはじめるより前のことだった。彼女の電話番号は、だれかにもらった『ジ・アドヴォケイト』誌のバックナンバーに載っていた。最初にこちらが電話したときは留守だったので、彼女の方からかけ直してくれたのだ。時間は夜の一一時前後のことで、会話はまさにめちゃくちゃだった。会話が成立しなかったのは、もちろんぼくのせいだ。テンプルとはその後、友だちになったのだが、後になってその晩の電話のことをきくと、覚えていないと言っていた。それを聞いたぼくはにやっとして、それ以上ヒントを出したりして思い出させるようなことは、もちろんやらなかった。

さて、その晩の会話は悲惨なものではあったが、彼女はぼくに大事な助言をしてくれた。昔から言い古されてることではあるけれど、今でも当てはまることだと思う。とりわけ、ぼくらみたいに、原稿を書いたり講演をしたりすることの多い人には役にたつ。彼女は、「とにかく、相手がすぐ目の前にいるようなつもりで語りかけること」と教えてくれたのだ。だからぼくは、この原稿でもそのとおりにしようと思う。

先日ぼくは、シンシナティへ行ってきた。「Comprehensive Concepts in Speech and Hearing」というところで聴覚訓練を受けてきたのだ。

元はといえば、一九九一年の年末近く、シンシナティのティナ・ヴィールさんから手紙をもらったのがきっかけだった。当時ティナはちょうど、聴覚訓練の仕事を始めたばかりだった。ぼくはオハイオ州の自閉症協会の会報に自分の聴覚の機能不全のことを書いたのだが、それを読んだという。そして、ぼくが自作した音声調整装置のことをもっと詳しく知りたくて手紙をくれたのだ。

ぼくは、手紙をくれた人にはかならずこちらから電話をするよう、厳しく自分に課している。向こうは時間をかけて手紙を書いてくれたのだから、こちらも何らかの形で時間をさくのが当然だろう。そんなわけで電話で話をしていたら、自分はもうじき、トリードにあるオハイオ北西部支部で講演をするから、聞きに来てくださいと招待された。ぼくはいっしょに行ってくれそうな友だち二人に当たり、どうかつれて行ってくれと必死になって頼みこんだ（当時、ぼくの車は、とてもそんな長旅に耐えられそうな状態じゃなかったのだ）。

ぼくたちは三人で最前列に陣どった。ティナは聴覚訓練の手順について、その理屈について話をしていた。それを聞いているうち、ぼくの猜疑心も、少しは（本当に少しだけど）やわらいできた。講演の後で、ティナに、この訓練のことをどう思うかときかれた。ぼくは何の遠慮もなしに、とても信じられません、信じてほしかったら、ぼくにヘッドフォンをかぶせて、証明してくれないとと答えた。するとティナは間髪を入れず、やってみてもいいわよと言う。

でも、訓練費用のことも気になったし、ぼくの耳はひどく敏感だし、結局、断ってしまった。何て愚かなことをと思うけど、とにかく、このときは断ってしまった。ぼくにとっては、聴覚訓練なんて言われても、「ほうら、この魔法のヘッドフォンを一〇時間かぶるだけ。それだけで治してごらんに入れますよ！」と言われてるようにしか思えなかった。だって、ぼくは世界一疑り深い両親に育てられたんだしね。ここで乗らなかったってことは、きっと、両親のあの態度がぼくにも少しばかり伝染してたんだろう。

その後、自閉症協会とのかかわりが深まるにつれて、聴覚訓練をとり上げた文章はあちこちで目にすることになる。否定的な記事はないかなと思って探してみたが、見当たらない。どの記事も、どの手紙も、役にたった子どもの例をとり上げている。親御さんたちの話を聞いても、もう、全然ちがうんですよと言う。こうして、アルバカーキの大会の席上、とうとうぼくはアナベル・スティーリの説得に屈することになる。ぼくはティナの施設で予約をとった。もう一つ気分の乗らないところはあるものの、偏見は持っていなかった。

ティナのオフィスは、想像していたより小さかった。もっと大きい部屋かと思ったのは、たぶん、訓練風景のビデオを見たことがあったせいだろう。ぼくの見たビデオでは、大きな部屋に子どもが一人で座っていたのだ。映っていたのは男の子で、ヘッドフォンをつけて、床にマットを敷いてある上にじかに座っていた。まわりには山ほどいろんなおもちゃがあったが、その子は、中の一つがとりわけお気に入りらしく、それ一個に夢中でご機嫌のようだった。

だがティナのオフィスは、そのビデオとはずいぶんちがっていた。訓練室なんか、ひどく狭い部屋だった。その中に、パーティションで囲まれた座席が二つ、向かい合わせに置かれていた。それぞれの座席に、機械が一台ずつついている。一つはフランス式、一つはアメリカ式とのことだった。要するに、一度に二人ずつ訓練できるというわけだ。その後の二週間で観察したところでは、子どもたちのほとんどは、眠っているか、何やら小型のおもちゃで気をまぎらわせているようだった。

最初にやったのは、一回目の聴力プロフィールの作成だった。聴力の検査がとちゅうまで進んだあたりで、これは補聴器がいるかもしれませんねえ、かなりの難聴がありますからと言われた。そこで、「ええ、知ってます。右耳が一〇パーセント落ちてるんでしょう?」と答えたが、彼女には「まさか。そんなものじゃありませんよ」と言われてしまった。それを聞いてぼくは、もしかして、耳が悪くなったのは、七〇年代に鼓膜の手術を受けたせいかなあなどと考えた。実は一度、母に、いかにもついでにという調子で、補聴器の話を持ち出してみたことがある。母の返事は、そんな心配は必要ないとのことだった。「聴力検査なんてのはね、だれが受けたって、毎回

『あなたはそのうち失聴します』って結果が出るときまってるのよ」というのがその理由だった。でもぼくは、もしも近い将来、補聴器が必要になったとしても驚かないぞと思ったのだった。

一回目の「セッション」は、プロフィール作成と同じ日の午後に行なわれた。ぼくは例の部屋へ入り、パーティションで囲まれた席に座った。これからだんだん音量を上げていきますからね、うるさくなってきたら教えてくださいと言われたので、言われたとおりにした。このときにはもう、ちょっと楽しみな気分になっていた。聴覚訓練について、どうしても疑問だったことの一つは、いったいどんな音楽を使うんだろうということだった。流れてきたのはレゲエだった。レゲエはそれまであまり聴いたことがなかったこともあり、ここはゆったりかまえて、異文化体験を楽しんでやろうという気になってきた。レゲエのほかには、スティーヴィー・ワンダーが一五歳のときの演奏もあれば、なんと、ボブ・ディランのベストヒット集まであった。ディランなら何年かはまったこともあって、おおいになじみがあった。説明によると、プレーヤーにはこうしたCDが五枚か六枚入っているという。曲はその中から順不同で選ばれ、全部でおよそ半時間ぶん流される。たいていは二五分前後だったが、ぼくにはそれでちょうどよかった。

流される曲は、どれも機械を通して音質が変えてある。四〇〇〇ヘルツの部分と、八〇〇〇ヘルツの部分で加工されているのだ。ぼくの聴いた感じだと、曲の流れとは関係なく、でたらめな場所にシンバルの音が加わっているのに似ている。ゆったりと曲にノッていると、いきなり音質が歪み、「ドシャーン」というような音がして、現実に引き戻される。この「ドシャーン」は少々耳にキツかったが、そのとき以外はけっこう快適だった。けっこうどころか、ふだん以上に快適だと言っていい。このセッションが一〇日間続く。一日に二回、一回につき三〇分ずつ、間隔は四時間だった。

最初の週もまん中あたりにさしかかろうというころ、いくつかの変化に気づくようになった。一番いい例が、ホテルのドアだ。泊まっていたホテルのドアで、開けるたびにきしんでものすごい音のするやつがあった。最初は、ひどくつらかった。ところが、時がたち、訓練を重ねるうち、この音がだんだん気にならなくなっていく。ぼくが訓練に本気になりはじめたのは、これがきっかけだった。音楽を聴きながら、ぼくは使徒行伝の第九章を思い返していた。パウロは目の前につきつけられた証拠を見て、完全に考えを改めたじゃないか。自分もそうすべきなんじゃないかという気がしてくる。パウロは大喜びで自ら考えを改めた。ぼくにも同じことが起きるのではないか。そんな気がしはじめていた。

いくらぼくにはうまくいったといっても、それでもやはり、気に入らない点はあった。たとえば、二週間のあいだ、ずっと曲が変わらない。説明によると、これまで五〇〇も枚のCDを調べてみて、聴覚訓練に使えるのはわずか三〇枚しかなかったらしい。その三〇枚のうちの六枚がずっとプレーヤーに入ってたというわけだ。もちろん、CDはどうしても取り替えなきゃいけないわけじゃない。でも、曲が変われば、訓練はもっとがまんしやすくなるし、もっと楽しくなると思う。

それから、職員の中に一人、ときどき少しばかり「子ども扱い」みたいな態度で接してくる人がいた。向こうにはそんな気はなかったんだろうと思う。たまたま「そんな感じ」になってしまっただけなんだろう。ここでちょっと脱線になるが、本書をお読みのみなさんに、ひとこと申し上げたいと思う。これは講演のたびに毎回言っていることでもあるし、お母さん・お父さんと個人的にお話しするときも、ほとんど毎回言っている。それでもなおここでくり返すのは、それだけ大切だと思っているからだ。統計が何と言おうと、自閉症の子どもたちには、ちゃんと知性がある。相手が保護者気取りで接してくれば気がつくものだし、大人たちが陰で自分のことをあれこれ言っているのもわかってしまう。どうか、どうかお願いだから、自閉症の子どもたちにも、ほかのみんなに接するときと同じように敬意を持って、同じように品位のある接しかたをしてほしい。それが正当というものだ。それに、こちらがきちんと接するようにすれば、それだけでも子どもの状態に進歩がみられるだろう。自閉症の人々と接する仕事についているみなさん。ご自分の態度にはくれぐれも気をつけていただきたい。ぼくたちにとって、人からまるでエイリアンか赤ちゃんみたいに思われる以上に傷つくことはない。ぼくらはエイリアンでもなければ、赤ちゃんでもない。人間だ。血も肉もあり、物も考えれば、感情もある。感情があれば、傷つくこともある。いや、実際、ぼくたちはけっこう簡単に気分を害する。ぼくの場合、旅行のときにしょっちゅう経験することになる。やっている側は、わざとやってるわけじゃないのだ。シンシナティの職員だって、悪気があったわけじゃない。だが、いくら悪気はなくても、そういうことは起きてしまう。そして、やめさせなくてはならない。

訓練で使ったのは、オーディオキネトロンという機械だった。例の、ベラード装置とよばれているやつだ。オーディオキネトロンもBCGもしくみは実におもしろくて、ぼくはすっかり夢中になってしまった。あとになって、イーデルソン先生のところをおたずねしたとき、先生は両方ともいじらせてくださった。あんなチャンスを与えてくださって、本当に感謝している。さわってみたおかげで、ずいぶんたくさんの謎がとけた。

シンシナティからコロンバスに戻るころには、ぼくの聴覚は明らかに良い方向に変化していた。カーステレオのボリュームだって、前より少し上げることができた（だから、オールディーズ専門局で『ロック天国』がかかったときにさっそく役にたった）。学生街のアパートの外でサイレンが鳴っても、以前ほどつらくなかった。前は痛さを感じたのに、今や、夜中に目がさめるだけですむのだ。目がさめるだけなら、ほかの人たちだってみんなそうなんだろう。ドアの閉まる音、犬の吠え声、赤んぼうの泣き声、電話で聞く人の声、どれも痛くない。こんなに痛くないことなんて、何年も、何年もなかったことだった。ぼくは耳栓を持ち歩かなくなり、あれだけの苦労をして電話を改造したのは、もしかしたらむだだったんじゃないだろうかと思いはじめた。

（付記　テンプルと初めて電話で話したとき、ぼくは自分で電話を改造した話をした。そうしたら彼女が教えてくれたのだが、電話の改造を考えたのはぼくが最初ではないらしい。でも、報告を書いて、活字で発表したのはぼくが初めてだったから、それでぼくの手柄みたいになっているようだ。音声を調節すると、会話中の聴覚過敏の痛みがぐっと楽になる。配線図がほしい人は、自分の住所と名前を書き、切手を貼った返信用封筒を送ってくれれば、コピーをお送りする）

ティナは実に熱心な人だ。オーディオキネトロンとBGCを買い、ベラード博士の研修を受ける費用を作るため、自宅を売って、家族ともども前より小さい家に引っ越したほどだ。聴覚訓練は、ぼくには効いたようだ。たしかに、ティナの言ったとおりになった。

それから二か月。両親がテネシーの山小屋に出かけることになり、ぼくは実家の留守番を頼まれた。いつものことだった。さて、洗い上がった食器を戸棚にしまっていたときのことだ。ぼくは棚に皿を置いた。その音の「痛さ」ときたら、ほとんど耐えられないほどだった。いったいどうなってるんだ？　あれはもう消えたと思ってたのに！　ぼくは食器洗い機のところへ戻り、皿を何枚かとり出すと、また棚に置いてみた。さっきのは何かのまちがいだよねと思いながら。でも結果は同じ。ぼくは黙って立ち尽くし、恐ろしい化け物を——残りの食器を——じっと見ていた。食器たちもこっちを見ている。まるで、情け容赦もなく、意地悪く、ぼくを笑いものにしているような目つき、勝ったのは自分たちだと知っているかのような目つきだった。そのときぼくは思い至った。ぼくが皿だったら、やっぱり同じようにするだろうな。それにしても、どうして耳栓を持ってこようと思わなかったのだろう？　前は、うちへ来るときはかならず持ってきていたのに。ぼくは残りの皿を片づけた。ゆっくり、ゆっくりと。

同じ晩、犬たちが吠えだした。これまたつらい。テレビで『ニック・アト・ナイト』を観ても（わが家のテレビ文化の伝統を守っているのだ）、とちゅうで音を小さくしなくてはならなかった。はやく自分のアパートへ帰って、改造した電話が使いたかった。それはあたかも、たった一度まばたきをしただけで、ぼくがシンシナティへ行った事実が消えてしまったかのようだった。

アナベル・スティーリの話だと、ケースによっては、三か月から六か月たつころには、はっきりこれとわかるほどのちがいはなくっていることもあるらしい。もしもこれが本当なら、ぼくにはまだ二か月はあるってことか。あんまり楽しみな見通しとは言いがたい。また静まってくれるといいなと思ってはいるが、こればかりは時間がたってみるまでわからない。ティナが一度は与えてくれた、あの自由が恋しい。人間、一度も手にしたことのないものは失うこともないから、惜しくもならないという。ぼくの場合、最後に耳が正常だったのはもうずいぶん昔のことだから、ほかのみんなと同じような聞こえかたがどんなに快適なものか、すっかり忘れていたのだ。でも今はちがう。

元に戻ってしまった理由はわからない。あるいは、こうして元に戻ってしまうのが正常なことなのかもしれない。

聴覚訓練には効力がある。だが、ほかのことでもそうだが、全員にむいているわけではない。

協会本部の委員として、ぼくは、自閉症に対して現在行なわれている**ありとあらゆる**セラピーについて、徹底的に調べ、よく知っておくのが自分の務めだと思っている。委員会の席上でも、講師として講演して回るときも、より役にたつ人材でありたいからだ（それにもちろん、自分自身の疑問にももっと答えが得られるだろうから）。

今のぼくは、聴覚訓練については、あらゆる角度から見たと言ってもいいように思う。そこで、トレーナーを選ぶ上で気をつけるべき項目を紹介する。ぼくが自分なりに調べたことのほか、専門家やトレーナーの方々と長時間にわたって詳しく語りあって学んだ知識にもとづいてリストアップしたものだ。「この人の所で訓練を受けようかな」と思う人が見つかったら、その人に決める前に、次の質問をするといい。

一　聴覚訓練の研修はどこで受けたのか？　講師はだれだったか？　ベラード氏にじきじきに、あるいは、ベラード氏の認定している施設で指導を受けたのだろうか？　もし、最後の質問の答えが「ノー」なら、それ以上の質問は必要ない。電話を切って、べつの人を探そう。一方、先方は「ベラード先生に習いました」と言っているけど、信じていいかどうかわからないときは、修了証書を見せてくださいと頼むといい。

二　その施設で行なっているやりかたには、ベラード氏が勧めているのとちがう点が少しでもあるだろうか？　あるとしたら、変えた根拠は？　なぜその方がいいと思ったのか？　この点に関しては、みなさんがそれぞれ自分なりに考えて判断しなくてはならないことだろう。だが、やりかたがベラード氏の原型に近ければ近いほど得られる結果も良いものになるだろう。

三 評判を証言してくれる人を紹介してくださいと頼もう。専門家どうしで「この人ならだいじょうぶ」と請け合ってくれる人と、かつての利用者と、両方を紹介してもらうこと。その人の元で訓練を受けた元・利用者の電話番号は、少なくとも三人分は教えてもらおう。教えてもらった連絡先には、一つ残らず電話する。紹介をしぶるようなら、だれか、隠さなくてはいけない秘密を持っていない人をさがそう。

四 費用はいくらだろう？　もし一〇〇〇ドルを越えるようなら、よそでもっとお買い得なところが見つかる可能性が大。

五 出張サービスは可能だろうか？　中には、利用者の人数がある程度以上まとまれば、出張してくれる人もいる。ただし、出張だと別料金が加算される場合が多いので、気をつけること。

六 訓練中、子どもたちはどんなことをしているだろうか？　音楽を聴いている間は、本を読んだり、眠ったりしてはいけない。すっきりと目が冴えてなくてはいけないし、しかも、音楽が耳に入らなくなるような活動をさせてはいけない。

七 使われているのはどんな音楽だろうか？　訓練期間中、曲の入れ替えはやっているか？　ぼくが調べたところでは、訓練に向いているのは、レゲエ、モーツァルト、そのほか、ありとあらゆる周波数がカバーされている曲だという。ベラード氏は、使う曲はセッションごとにアトランダムに入れ替えることを強く勧めている。現状は、最初から最後までえんえんと同じCDを使いつづける所もあれば、一度使った曲が二度と登場しないようにしている所もある。いずれにしても、使う音源はベラード氏のリストから選んでいることを確認すること。

八 聴力プロフィール図は作ってくれるだろうか？ 中には、検査などたいして重要じゃないと考えている人もいる。でも本当は、聴力のプロフィールを知ることこそ、**最も重要**な部分なのだ。契約内容に、聴力検査・聴覚プロフィールの作成が三回分ふくまれていることを確認しよう。さらに、検査を行なうのは、免許を持ったオーディオロジストであることも確認しておくこと。

九 訓練内容について質問されたときの態度はオープンだろうか？ 訓練を依頼するならば、どんなことをやっているのかきかれたら、何でもよろこんで答えてくれる人を選ばなくてはならない。聴力のプロフィールがわかったら、その意味を解説していただけますかと言ってみよう。音源の加工はどこで行なっているのか、音量はどこで調節するのかきいてみよう。最後に、お子さんが聴くことになる音源のサンプルを、自分でも聴いておきたいと頼もう。子どもが訓練を受けている間、同席させてくださいと言ってみよう。それから、アフターケアについても質問しておくこと。

一〇 ここは各自で補ってほしい。ぼくが忘れてることもきっとあるはずだから。

最後に、この原稿といっしょに、ぼくの聴力プロフィールのグラフを三枚とも、編集のみなさんに送っておく。三つとも、同じ一回の訓練のときに調べたもので、ちがうのは時期だけ。最初のは一九九二年の一〇月五日で、訓練が始まる前。二つめは一〇月九日、訓練も半ばというとき。三つめは一〇月一六日、終了後の測定結果だ。データは嘘をつかない。この結果を良好と見るか貧弱と見るかは、みなさんの判断におまかせする。

ほかに言っておくことはあるだろうか？　とりあえず思いつくのは、この場を借りて、ティナにお礼を言いたいということ（ティナ、訓練してくれてありがとう。それから、オフィスでカウンセリングしてくれたことも）。ティナは、聴覚訓練はいんちきじゃないと証明して、ぼくを納得させたがっていた。そして、みごと目的を果たした。おかげで、今のぼくは、聴覚訓練が本当に役だつ人はおおぜいいるはずだと信じている。訓練自体は、さすがのぼくも、もう一回受けたいと思えるようなものではない。でも、正しい手順を守って行なうなら、好結果が得られる可能性はある。結果が良ければ、「あれくらい、がまんした甲斐があった」と思えるだろう。

具体的な点について質問がある人は、遠慮なく手紙か電話をくだされば、喜んでお答えする。

（この文章は、一九九三年の『ジ・アドヴォケイト』に書いたものだ。これまでたくさんの文章を発表してきたけれど、これが一番反響が多かった。）

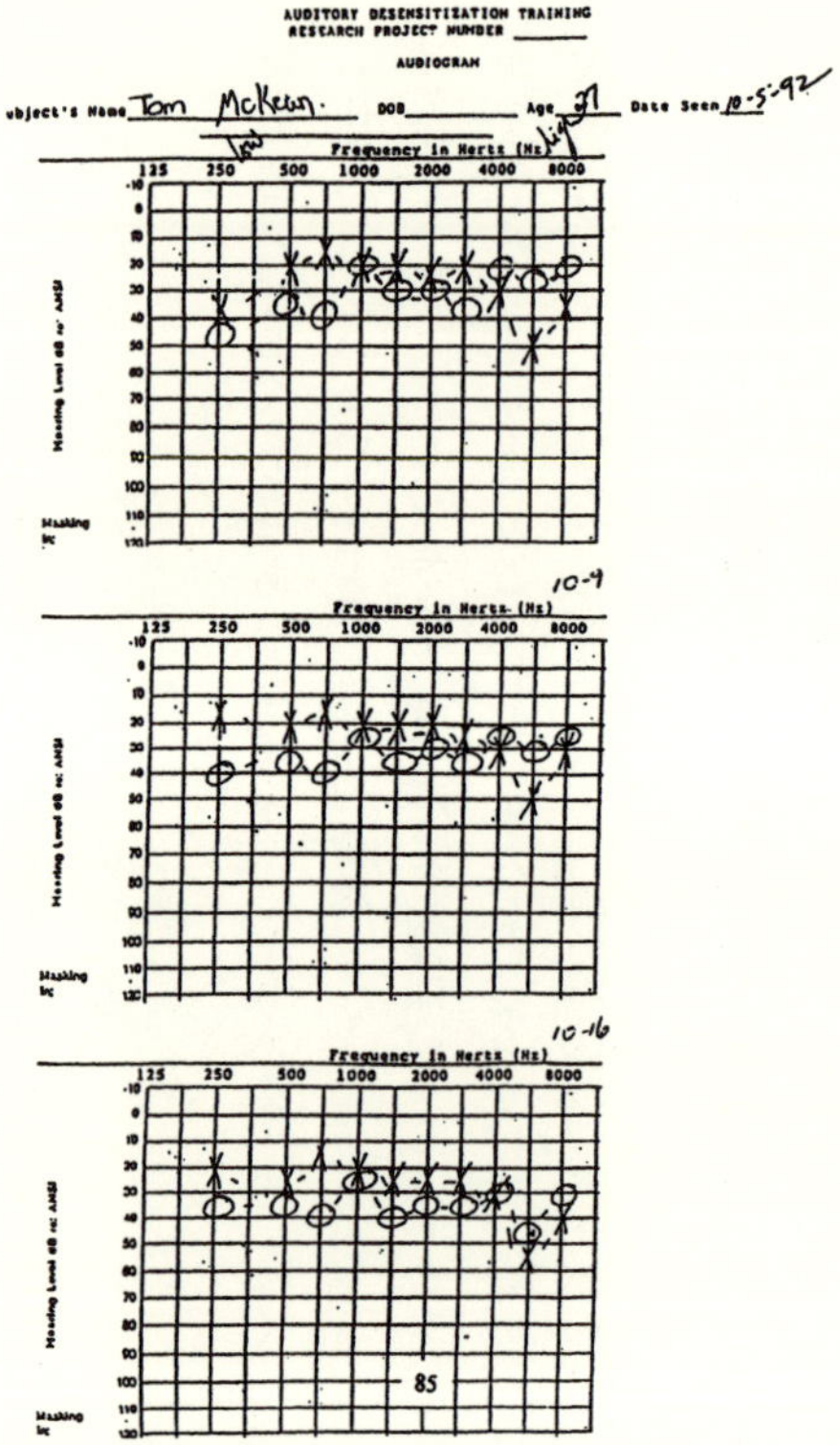

○……右耳　　×……左耳

92年10月5日のグラフでは、左右の聴力のレベルが一致していないことがわかります。これは、聴覚に何らかの問題をかかえる人々にはよくみられるものです。

右耳では750ヘルツと1000ヘルツの間と、3500ヘルツと4000ヘルツの間に、左耳では6000ヘルツと8000ヘルツの間に大きな不連続がみられます。また、左右差が一番開いているのは6000ヘルツの部分です。

10月16日のグラフでは、周波数による差も、左右の差も、共に狭くなっていることがわかります。

ティナ・ヴィール（「Comprehensive Concepts」）の所見：トムの場合、改善はみられたものの、難聴も重なっているため、通常よりも進歩はかぎられています。

トーマス流ストレスのなだめかた

ストレスとは何だろうか？　どこからくるのだろうか？　原因は？　ストレスがひどいと何が起きるのだろうか？　そして何よりも、ストレスとはどうつき合えばいいのだろうか？

ストレスの定義は何種類もある。ストレス研究の祖、セリエの定義は、「刺激的な事象がある程度以上激しく、生体が自ら平衡を保とうとするシステムが乱されるに至ること」となっている。そのほかの定義としては、「種類を問わず、その人の適応能力の範囲を越える負担が身体にかけられること」「人と環境との相互関係によって、その人の資源が枯渇の危険にさらされたり、過重な負担がかかったりする状態」などがある。中には、「日常の困難や緊張に対する反応しているときの精神状態」(Strecker 26) というものさえある。個人的にはストレスとは、「朝、ベッドから出ること」とあらわすのが一番だと思う。

ロバート・A・ジャッド&アソシエーツという会社がある。組織の中で生きることに伴うストレスを専門に、さまざまな生涯学習施設で相談業務を行なっている会社だ。その社長であるロバート・A・ジャッドは、ストレスが育ちやすい培地には七種類あるとしている。

一　**変化**　変化が起きることは避けようがない。静かな浜辺の砂も、潮が満ちれば波に洗われるようなものだ。一口に変化といっても、クリスマス、休暇、昇進して給料も上がるが業務内容も変わるなど、よい方向への変化もある。このような喜ばしい変化でさえ、ストレスの原因になることがわかっている。

二　**期待**　他人に「こうしてほしい」と期待されることも、自分が他人に期待をかけることも、ストレスの原因になるものだ。

三　**完璧主義**　何でも完璧にこなそうと思って働きすぎる人がいるが、これではストレスがひどくなるのも無理はない。完璧にこなすなんて、そう簡単に実現できることではないからである。

四　**けじめを宣言し、守るのがへた**　われわれの社会では、物ごとのスピードは増す一方だ。そんな中、「自分にできるのはここまでですよ」「私はこれ以上はやりませんよ」と宣言し、それをつらぬくことができなくなってしまう人もいる。これでは、ついには燃え尽きてしまう。そんな例を数多く目撃してきたこともあり、私は、そうならないような生活をこころがけてきた。

五　**人との衝突・争いごと**　みなさんもよくご存じの、交通違反切符がいい例だろう。「すみません、免許証と車検証を見せてもらえます?」と言われて、何のストレスも感じない人がいるだろうか?

六　**A型行動様式**　もっと業績を上げるため、もっと愛されるため、もっと力を（お金も？）手にするためと休みなく努力している人にとっては、人生は闘いの連続だと感じられるだろう。「やらなくてはならないことがこんなにたくさんあるのに、時間はたったこれだけしかない！」と思っていたのでは、ひどいストレスの原因になりかねない。

七　**何でもはっきりわかっていなくては怖い**　わが国はどうなるのだろうか？　われわれが子どもたちに残すのは、どんな世界だろうか？　たしかに、現代流の生活をしていれば、ストレスの種は尽きない。核兵器はどうなる？　ＡＩＤＳは？　中には、最後の審判が気になる人もいるだろう。これでは、生きているだけでストレスだろう。テクノロジーが発達したおかげで、世界じゅうのニュースが自宅の居間に流れこむようになった。それも、この世界は大きいし、ニュースもいい話ではないのだから。

八　**人に受け入れてもらわなくてはがまんできないという気持ち**　これは、右の七つのリストには入っていない。私が独自に思いついたものなのだから。まだ思いついたばかりとはいえ、確信はある。友人たちにも、家族にも、夫や妻にも、同僚にも、愛され、受け入れられていなくてはだめなんだと思っていたのでは、ひどいストレスになるだろう。それに、現代のティーンエイジャーにとって最大のストレス要因の一つ、「自分一人だけ同級生から浮いたら大変なことになる」というプレッシャーもここに含まれる。

ストレスがかかるとどんな形で出てくるかは、一人ずつちがう。それに、ストレスの耐性も人それぞれ。ストレスだらけの日常でも何とかこなしていける人がいる一方、すぐに限界を越えてしまい、何の前ぶれもなく壊れてしまう人もいる。家族や親類が集まる、子どもが成人して巣立つ、定年退職する、夫や妻が再就職したり、退職したりする。どれもストレスの原因になりうる。上司ともめる、ローンの支払いがある、離婚するなどもよくあるストレスだ。一般に、配偶者に先立たれることが一番のストレスと考えられている。一方、軽度の法律違反などは、たしかにストレスにはなるものの、「ストレス指標表」の中では下位に位置づけられている（Holmes 71）。

ストレスがかかると、どんな影響が出るだろうか？　人によっては、偏頭痛という形をとることもある（私の父など、一人で「アドヴィル」を採算ラインに乗せられそうな勢いだ）。一方、かぜをひく、インフルエンザになる、その他のウイルスに感染するなど、病気という形で出る人もいる。視界がかすむ、汗が出る、筋肉がこわばる、気分の波がはげしい、呼吸に困難をきたすなども、ストレスの徴候かもしれない。そのほか考えられる体調の変化としては、血圧や血糖値が上がる、心臓が締めつけられる、瞳孔が広がる、コレステロール値が上がるなどがある（Honig 150）。

このような場合、行動にもはた目にはっきりわかるような変化が起こりうるし、実際、起こる方がふつうだ。だれかがストレスを感じているときは、次のような徴候があらわれるから、見ればわかる。泣きだす、大声でどなる、ものごとに集中していない、ふさぎこんでいる、怒る、いらいらしているなどのほか、セックスの場面でもなにかとうまくいかなくなることもある(Honing 171)。

ストレスに対処するには、どうするのが効果的だろうか？ ストレスのかかる状況では、どうやって自分をなだめればいいのだろうか？ ここでは、私が自分の経験で気づいたことのほか、調べて知った方法も紹介していく。だれにでも効くとはいかないものの、効果があると一般に認められているものばかりだ。

一 **むりをしない。** 自分に理不尽な要求をしてはいけない。目標を高くかかげるのはいいが、届かないほど高くしてはいけない。いきなり五キロ減量すると宣言するのではなく、まずは二キロから始める。Aを取るぞと言う前に、Bをとることを考える。一度に一歩ずつ進むこと。

二 **時間を賢く管理する。** ストレスに対処する上では、これが最も重要かつ効果的ではないだろうか。ゆっくり行こう。意識的に時間を確保して、犬を散歩に連れて行く、友だちの誕生日にカードを贈るなど、ささやかだけれども大切なことをしよう。優先順位をよく検討して、スケジュールを立て、立てたスケジュールを守ること。自分が今どこへむかっているのかがわかっていて、あらかじめ一日の計画も決めてあるのだとわかっているだけでも、ストレスが減るものだ。

三　**気晴らしを組みこむ。**　暖かいお風呂に入る。仲の良い友だちに話を聞いてもらう。公園を散歩する。立ち止まって花の匂いを嗅ぐ。要するに、肩の力を抜く。一時的に、気になることを頭から追いだすよう心がけよう。問題に対処する時間はまた後でとればいい。リラックスしてからの方が、すっきりした頭で理性的に考えられることもある（Strecker 31）。

四　**体を動かす。**　運動はストレス解消のいい方法にもなりうる。腹筋運動や腕立て伏せのほか、さまざまな有酸素運動もある。毎日、定期的に運動をすれば、ストレスのレベルをおおいに下げることができる。

そう、ストレスは人生の一部だ。昼は次々と面倒が起こるし、夜には恐怖で目が覚めることもあるだろう。だが、ストレスがまったくないなんて、もはや人間とはいえない。そして、ストレスとは、なんということもない常識的なテクニックでコントロールできるものだ。ときにはてこずることもあるが、かならず克服できる。ストレスに人生を支配されてしまう必要はない。

付記：これは大学時代、学校で提出するために書いたレポートだ。採点は「A」だった。

クマの買いかた

長年にわたってクマといっしょに眠ってきた経験の持ち主として、ぼくはかたく信じている。人間は全員――赤ちゃんや子どもたちだけではなく、あらゆる人間が、クマといっしょに眠るべきだ。

クマが精神の健康にもたらす利益は、とてもはかり知れない。一人で眠っている人なら、クマはほぼ必需品といえるし、たとえ結婚している人であっても（あるいは、恋人といっしょに眠っている人でも）、睡眠時には常に、容易に手の届く範囲にクマを置いておく必要がある。クマがあれば孤独感がやわらぐ上、寒い夜には保温にもなる。また、電話で話をする場合も、会話の進行中にクマを持つと良いかもしれない。

しかし、クマという問題は、やさしそうに見えて案外むつかしい。現代の市場に出回っているクマには、成人層のニーズが考慮されていない製品が多い。主として、赤ちゃんの親、あるいはその友人が、新生児に与えるために買うことを想定して作られている。新生児の場合は、どんな種類のクマを選ぼうとも、さほどの問題にはならないかもしれない。だが、成人が使用する場合は、適切なクマを選ぶことが大切であり、そのためには、クマが一〇項目の基準を満たしていることを確認する必要がある。本稿では、クマを選ぶ基準の一〇項目を論じ、そのほかの注意事項もいくつか紹介していく。クマを買いに行くときには、これらをかならず心に留めておいていただきたい。

一　まず何よりも、絶対に、使う本人が自分で買ってはならない。これは非常に重要だ。自分で買ったのでは、クマを持つ本来の目的からして台なしになる。クマはかならず、友だちから贈られる必要がある。家族や婚約者、恋人も除外。友だちしかだめなのだ。なるべくなら異性の友だちが望ましいのだが、友だちであればだれでもかまわない。忘れないでほしい。自分で買ったクマでは、魔法の効力がゼロになってしまうし、クマを持つ目的は、この魔法の効力なのだ。だれかがクマを贈ってくれたとしたら、その理由はただ一つ。その人がきみを愛しているからだ。クマを抱いたときにこのことを思えば、大いになぐさめになる。もちろん、わざわざ頼まなくても買ってもらえるのが理想なのはたしかだ。でも現実には、クマに効力があること自体、知らない人が実に多い。だから、クマを買ってくれないかと率直に頼んでも、まったくかまわない。また、友だちに手芸のうまい人がいるなら、条件を特定して頼み、作ってもらう手もある。誕生日やクリスマスのプレゼントとしてリクエストするのもいい。この方法なら、究極のクマができるだろう。自分一人のために作られたクマほど、愛のこもったクマはほかにない。

二　大きさも非常に重要。ぬいぐるみは高額商品だけに、友だちのためにクマを買うときも、単に値段が安いからというだけの理由で小さいクマを選んでしまう人が珍しくない。これはやめてほしい。小さいクマは、抱いても大して抱き甲斐がない。逆に、あまりに大きなクマも問題だ。ぼくの経験から、全長が四三センチから五一センチのクマが理想であることがわかった。この大きさだと、小型のものよりはるかに高価になるかもしれないが、それだけの価値はじゅうぶんにある。クマに関するかぎりは、お金を出せば、かならず出しただけのことはあるものだ（例外は特大サイズのクマだろう。特大のクマの中には一〇〇ドルを越える値段のものもある。場合によっては、特大のクマが良いケースもあるのだが、大型のクマはかならず、手作りでなくてはならないのだ）。

三　柔らかさも検討すること。中ワタをきつく詰めすぎたクマはいけない。きつく抱きしめたときに、それにそって適度に変形できる余地がなくては困る。その一方、力を抜いたら、ただちに元の形に戻るクマを買わなくてはならない。

四　目と鼻をよく見よう。目や鼻がとれる心配のあるクマも少なくない。クマを買うときは（手持ちのクマも）、目と鼻がしっかりつけてあることを確認してほしい。最近では、親の要求が厳しくなったので、製造元も気を使うようになってきたようだ。

五　耳も非常に大切だ。クマの耳は実用品なのだから。孤独なときや気分がふさぐとき、クマの耳はかじる目的に向いている。濡れるほどしゃぶる必要はない。ただ、軽く歯を立てるだけでじゅうぶんに効果がある。噛みやすさを考えると、ピンと立っている耳がいい。クマの場合、ぶらぶらの耳は不向きなので避けること。また、耳の位置は、頭のてっぺんではなく、後ろ寄りの方がいい。てっぺんでも悪くはないのだが、後ろに寄っている方が、噛むときに近くて便利なのだ。

六

腕はぶらぶらでなくてはならない。出回っているクマの中には、腕と胴の型紙がつながっているものが珍しくない。これでは困る。腕は胴体と別に作り、後でつないであるべきだ。クマを座らせて、腕を持ち上げてみよう。腕だけが上がり、クマ全体が持ち上がらないようならだいじょうぶ。なぜこれが大切かというと、使い手の体の輪郭にそいやすく、抱きごこちがはるかに良くなるからである。クマを抱いたままで眠るにも、眠りやすい。

七

脚と足もチェックしよう。腕とちがって、脚はぶらぶらでなくてもかまわないが、やはり多少の可動性は必要だ。また、脚と脚は少し離れてついている必要がある。この条件を満たしていないクマは多い。脚と脚の間にすき間が必要な理由は、クマ全体を抱く気分にはなれないときに、片脚だけを抱くことができるからだ。すき間があれば、脚だけを持って、あたかも全身とは独立した、小型のクマのように扱うことができる。また、クマの脚は、足先がはっきりしていなくてはならない。できれば、足は大きい方が望ましい。足が大きければ大きいほど、良いクマだといえる。

八　色はどうだろう？　白を除けばどんな色でもかまわない。白いクマ、北極グマは持ってはいけない。白いクマだと、汚れると目立つ。汚れたクマなんて、だれが抱きたいと思うだろう？　うす茶色や黄土色はとても人気があるから、クマの全体色としては一番いいのかもしれない。

九　毛皮をチェックしよう。クマには毛皮がなくてはならない。クマなのに、すべすべの材質で作られているものは多い。かといって、毛足が長すぎるのも困る。かならず、毛足の短いものを選ぶこと。手でさわって毛皮だなとわかる長さは必要だが、じゃまになるほど長くてはいけない。耳の毛にだけは特別な注意がいる。クマを最大限に活用するなら、耳の前面の毛は、ほかの部分より少し短いのがいい。耳でも、後ろ側はふつうと同じでさしつかえない。

一〇　最後に、これだけは絶対に忘れずに確認してほしい。洗濯できるクマを選ぶこと。洗えないクマ、ドライクリーニングしかできないクマは多い。洗濯機で洗えて、乾燥機にかけられるクマを見つけてほしい。

服を着たクマは問題になることがある。飾っておくためのクマなら、服を着せてもかまわない。けれども、日常的にいっしょに眠るためなら、最大限に役だてるには、服やリボンは残らずとりのぞく必要がある。

タッグも使いはじめる前に全部とりのぞくこと。洗濯方法の表示のタッグ一枚だけを残し、それ以外をとるという人がほとんどだが、最良の結果を引きだすには、洗濯表示のタッグもとり、クマ本体だけにすべきである。

なお、子どものときに使っていたクマを復活させるのはおすすめできない。子ども時代のクマがまだ手元にあるということは（そういう人は多い）、そのクマはすでにりっぱにつとめを果たしたのだから、休ませてあげるべきだろう。みなさんは新しいクマと一から出直せばいい。

最初のうちは、クマといっしょに寝るなんて、なじめない気がするかもしれない。でも、遠からず慣れるはずだ。慣れてしまえば、クマと眠るのを非常に心地よく感じるようになる。ことによると、依存症になる人もいるかもしれない。クマの依存症になっても、何の心配もない。

クマを入手するにあたっては、ここであげたチェックリストを考慮に入れれば、最高の製品が見つかるはずだ。たしかに、クマといっしょに眠るのは「男らしい」行為とは考えられていない。だがそれでも、非常によい結果が得られるのだから、クマは子どもだけのものと考えるべきではない。成人女性も、そして、成人男性も使用するものと考えてほしい。

ぼくのこれから

ぼくには、これからやってみたい計画がいくつかある。近いうちにやりたいこともあれば、遠い将来の目標もある。そのいくつかを紹介しよう。

＊＊アメリカ自閉症協会の委員を続け、大会での講演も続けること。

＊＊ＩＢＭ用に、ファシリテーテッド・コミュニケーションのためのソフトを書くこと（もしも将来、ＦＣはたしかに有効だと証明されることになったら、ちょっとした収入源にもなってくれるかもしれない）。

＊＊あといくつか、感覚の問題に対処する道具を開発すること。自閉症の人々にとって、周囲の環境が少しでも耐えやすくなるような機能を持ちながらも、人前でもおかしく見えない「感覚のヨロイ」のようなものが作れないか、検討してみたい。

＊＊自閉症の本人を対象とした本を書くこと。自閉症とは何なのかを正確に説明し、今の段階ではどんなケアの方法があるのか、最新の研究はどちらの方向へむかっているのかも解説する。自

閉症の人たちについての本はこんなにたくさんあるのだから、そろそろ、自閉症の人のための本をだれかが書いてもいいころじゃないだろうか。世間には、自閉症なら本なんか読めないはずだという思いこみがある。ぼくはその神話を打ち砕いてやりたい。どうか見ていてほしい。

＊＊自閉症の研究機関か情報サービス機関で定職につき、長続きすること。

＊＊音楽のサヴァン能力がある自閉症の人たちを集めて、自閉症協会の資金集めのレコードを作ること。

＊＊一期か二期くらい、自閉症協会の会長を務めてみたい（これに関しては、うっかり実行に移してしまわないうちに、早く夢からさめてほしいものだ）。

どうしてもみんなに言いたいことを一つだけ選ぶとしたら、これだと思う。どうか忘れないでほしい。自閉症の人たちをめぐってはいろいろくいちがう意見があり、論争にもなっている。でも、自閉症の人たちにだって理性にもとづいた意見はあるし、正直な気持ちもある。それはほかのみんなと少しも変わらない。くすぐれば笑う。刺せば血が出る。人間であり、人格があるという点ではきみと同じだ。このことを忘れないでいよう。自閉症の人にも、そうじゃない人に接するときと同じ思いやりと、品位と、敬意を持って接するのが当たり前だ。当たり前の接しかたができるよう、みんなでがんばろう。

PART4
ぼくの中の詩人

詩の序文

よく思うのだが、この世に詩が存在する目的はただ一つ、ぼくらが自分自身をどう見ているか、ぼくらに教えてくれるためじゃないだろうか。人というもののふしぎさを見つめるための、妙なる鏡をぼくらに与えるため。そして詩は、窓にもなってくれる。ことばという硝子《がらす》をとおして、人は書き手の内なる世界をのぞき込むことになる。

いい詩を書くには、たった四つがあればいい。鉛筆、紙、感情、そしてインスピレーション。これら四つの工具を手に、ぼくらは窓を造り、鏡を造る。あるときは、世界じゅうのだれにでも分かち与えるために。またあるときは、特別なだれかにだけ、こっそり見せるために。

でもぼくにとっては、詩はもう一つ、別の意味も持っている。最初、物を書きはじめたころは、ただひたすら「正気を保つため」と思って書いていた。それだけだった。自分に才能があるかどうか、いや、物が書けるのかどうかさえ知らなかった。知っていたのは、どこかにはけ口がなくてはやっていけないということだけだった。施設で暮らしていると、口では言えないほどの恐ろしいできごとを、毎日のように目の当たりにすることになる（ときには、自分が当事者になることもある）のだから。

それともう一つ。これはずっと前から知っていたことだ。人類は昔から、休むことなく不老不死の探求を重ねてきたが、不死なんて実はとうに達成されてるじゃないか。書きことばこそは、不老不死の願いに対する、たった一つの本当の答えだ。これまでもそうだったし、これからもずっとそうだろう。

シェークスピア、ポー、フランクリンにジェファソン。これら偉大な人々は、みんな今も生きている。ミルンやアンソニー、ナッシュは、それにジーン・ロッデンベリーだって、まだ昔の人というほどじゃない人々だが、これからも永遠に生き続けるだろう。彼らだけじゃない。これまで何でもいいから物を書いたことのある人なら、だれもが同じだといえる。その人の書いた文章がどこかに残っているかぎり、その人は生きている。

詩は、表現形式としてもほかに類をみないものだ。ほかの文章形式にはできないことも、詩にはできる。複雑な感情をあらわすにも、反論の余地もなく、誤解の余地もない表現ができる。だれかの人としての器量を正しく見きわめたいなら、とにかく、その人の書いた詩を読むのがいちばんなのだ。この後のページに、詩を載せることにしたのも、そのためだ。なるべく、書いた日の日付を入れておくように心がけた。

夢の子

わかっているよ、孤独なんだね
わかっているよ、毎日に現実味がないんだね。
わかるとも、
これまでのことを思えば、怖じ気づくのも
壁を背に　立ちすくんでいるんだね。
顔を見ればわかるさ　傷を負っていることも、
目を見ればわかるさ　感覚を失っていることも。
楽じゃないよね、人と一緒にいたくはないが
さりとて一人にもなりたくないのでは。
たしかに楽じゃないさ　生き続けるのは
これまで嘘のくらしを続けてきた者にとって
でもきみならできる　夢の子よ、
ぼくは君を信じている。

君は言う　みんな愛をなくしてしまったと
みんなはもう　どうでもいいんだと。
でも　一握りとはいえ　いるじゃないか
いつも寄り添ってくれる友が。
なのに君には　みんなが遠く思えるんだね、
君は問う、彼らは現実なんだろうかと
そうすれば、すべての疑問は晴らされる
なぜなら　友ならいつも
君の気持ちをわかっているはずだから。
新しい日が明けるとき
時間が君の敵となる。
とにかく耐えぬくんだ　夢の子よ、
きっと大丈夫だから。

ぼくは見てきたよ　苦難のときも、

見てきたよ　君が逃げだすのも。
見ていたよ　次の一日に立ち向かえず、
隠れ、震えていた君も。
ぼくは見てきたよ　幸せなときの君も
みごとに輝いていたときも。
見てきたよ　君が試されていたときも、
自信にあふれていたときも。
気づいていたよ
君がだれかを助けていたときも、
見てきたよ、使命を果たす君も。
だから　負けるんじゃない　夢の子よ、
見たくないんだ　君が倒れるのを。

今度　怖くて逃げ出したくなったら、
星々にこうべを垂れるといい。
自分はどこへむかっているのか。
自分は本当は何者なのか。

星々の答えを待つんだ。
ぼくは知っている、星々の返事を
ぼくの作った星だからね
あれは空を作ったころだっけ。だから
朝になったらぼくを思い出しておくれ。
たとえこの世界が死んでも、
怖がらないで、夢の子よ、
ぼくがそばにいるよ。

愛はそこに

沈黙の音が　ぼくの世界を埋めつくす
この世界に入ってしまったなら。
だれの声も聞こえず
ぼくの声もだれにも届かないこの世界。
きみがなにか言う。
えっ、なんだって？
ぼくはいぶかしげに
きみの目を見つめる。
ぼくにはわかる
きみがなにか言おうとしているのが。
歯がゆさの涙が
頬を伝う。

ぼくは顔をそむける。
きみの目に映るぼくは
こんなふうではないのかもしれない。
いつもこうだったわけじゃない、
かつては聞こえたころもあった。
ぼくの耳は
いろんな音色のメロディーを
かなでていたものだ。
でもあの歌は
もう終わってしまったんだ。

ぼくはまたきみと向かい合う。

きみはそっと　やさしく
ぼくの体に腕を回してくれた。
きみの目はあたたかく輝く。

きみの肌はやわらかい。
きみはぼくの手に手を重ねる。
そのときにわかに
ぼくにもわかる。
そのときにわかに
愛はそこにあるとわかる。
きみの笑みが聞こえたのだから。

＊メモ

この詩を書いたのは、大学で精神保健の勉強をしていたとき。授業の課題で、ぼくたちは聴覚障害者のための学校へ行った。ぼくはこの詩を書いて、レポートの末尾につけて提出した。

同じ日の昼が来ぬうちに

朝早く
ぼくは見ていた　きみが歩み去るのを
陽の光は蝶々たちに接吻し
踊る花たちが遊んでいた。
そのとき　きみの心に痛みが走り
おかげできみは　気づいてくれた
自分は迷子になっているのだと
飢えた世界
きみを必死でほしがる世界の中で。

銀色の冠がきみの頭に置かれる
やつらは何をくれるというんだ？
その性に飢えた紳士諸君の姿は

きみの目にはぼんやりとしか見えていない。
きみはそいつらの飢えた目を見つめる。
彼らの考えていることは
きみにも見のがしようがない。
きみもほどなく　そのごまかしを見抜き、
わたしはこの程度では不足だわと知る。

だがぼくらの世界では
こんなものじゃなかった、
じゃあなんだったのと
きいてくれてもかまわない。
その問いはそっくりお返しするから。
愛がないなら、セックスなどなんだろう?
必死で答えを探すがいい、
ぼくはいつまでもここで待つから。
そうすれば　同じ日の昼が来ぬうちに、
きみは戻ってくるだろう。

同じ日の昼が来ぬうちに、
きみにはわかる　ぼくの愛は本物だと。
ぼくには外見などよりも
きみの気持ちの方が大切なんだ。
ぼくもかつて傷ついたことがあるから、
きみの痛みはわかるんだ。
きみが声を上げて泣く間も
抱いていてあげる
元どおり　元気になれるまで。

同じ日の昼が来ぬうちに、
きみもわかってくれるだろう
ぼくも同じ地獄をくぐってきたことを、
きみはぼくの震える手をとるだろう。
同じ日の昼が来ぬうちに、
きみは気づくだろう

ぼくのこの愛が
自分にはたしかに必要なのだと
ぼくにもきみの愛が必要なのと同じように。

でもそれは　昼も近くなってからのこと、
今はまだ　薄暗い。
だから待とう　きみが気づくのを
そして　火が起こるのを。
その火が明るく燃えだしたなら
まわりが見えるほど明るくなったら、
この朝が終わらぬうちに、
きみは帰ってくるだろう。

＊メモ

これはメラニーのために書いた。ぼくらがつき合いだす直前のことだ。メラニーから、ぼく以外の男たちも彼女に関心を示していると聞かされ、そんなのはいやだと思ったので、詩を書いて贈ることにした。ほかの男たちは詩なんか贈ったりしないんじゃないかと思ってのことだった。同じ日の昼が来ぬうちに、彼女はぼくのもとへ戻ってきた。少なくとも、しばらくのあいだは。

すてきな今宵

森の中で迷子になって、
この世界でひとりぽっちだった。
なぜだかきみが　見つけてくれた、
美しいお嬢さん。
笛吹き男がきみを導いて
まっすぐ　ぼくの心へと連れてきた。
今やぼくらは道連れとなり、
二度と離れはしないだろう。

やさしい風が歌を奏でる
すてきな今宵。
星々の下で、
きみをきつく抱きしめて。

静かな涼しい夕べは
じきに終わってしまうだろう。
お嬢さん、並んで横になろう、
愛しているから。

ぼくには見える　きみの両の目に
ほのかな光が浮かぶのが、
ぼくへの愛が
ゆっくりと広がるのが。
ぼくらはタペストリの画に囚われて、
大きな愛の内に棲む。
今や二人は道連れとなり、
きみの隣ではぼくも胸を張れる。

歌を、歌を歌っておくれ
すてきな今宵。
星々の下で、

きみをしっかりとだきしめて。
きみへの愛は
決して色あせることはない。
お嬢さん、並んで横になろう、
愛しているから。

＊メモ

ここで紹介するのは、何年も前に書いた曲の歌詞だ。メラニーがぼくのプロポーズを承知してくれたのは、一つには、この歌のおかげでもあった。

王女もかなわぬ人

この丘では　花さえも韻を踏んで咲き
こおろぎも　人に語りかけてくる。
まわりのすべてが歌いだす
なぜだか　絶妙なタイミングで。
花たちの瞳は汚れなく、
その歌の値うちは宝石もかなわぬほど。
そしてきみは王女もかなわぬほど、
だからその丘には　まさにふさわしい。

なぜ花たちが
きみの正体を知っているのかって？
なぜきみに
かけるべきことばを知っているのかって？

あの花たちは
栄えある立場にふさわしい者として生まれつき、
今日この日まで　それを秘していたのだ。
なんとすばらしいことだろう
きみと手を取り合って歩き
きみが内に秘めていた光が
にじみ出てくるのを目にするのは、
ぼくは思い知る　きみの肩を抱くたびに、
きみは王女にもまさる人だと。

ぼくには
わからないことではあるけれど、
きみがこれまで注いでくれた愛を
残らずみんな　感じるのはうれしいこと。

花たちもぼく、

ぼくらには語り合う物語がある
過ぎ去った栄光の物語
何度となく　みんなで地獄をくぐり抜け、
きみの助けで立ち直った日々の物語。
だから東の空に目を向けていておくれ
もうすぐその時がくる、
みんなで遠くへ旅立つのだ。
そして　少女よ、きみは王女にもまさる人、
そしてぼくは　そんなきみを愛している。

お祖母ちゃんの店

お探しなのは
すべての欲望を満たせる方法かな?
それとも　欲はいくらかあきらめる代わり
ちょっとだけ愛がほしいのかな?
ほしいのは　気楽な気分?
それとも　金持ちになりたいのかな?
あるいはちょっと　体の具合がすぐれなくて
良くなりたいのかな?

それとも今日は曇ってるから
もう少し晴れてほしいのかな?
さもなきゃ　表で遊べるよう
友だちがほしいのかな?
任せておいて
何でもかなう場所へ案内するよ。
いいからぼくについておいで
ぼくのお祖母ちゃんの店に行こう。

一面雲がたれこめて
光の射さないときも、
気分がブルーで
冴えないときも、
心がずたずたに引き裂かれて
何とか縫い合わせたいときも、
心の裁縫セットがあるはずさ
お祖母ちゃんの店に行けば。

自分の心の錠前を開けたくて
鍵を探していた人も、

心当たりは
もう探しつくしたかもしれないが、
あと一か所だけ当たってごらん。
高速六一号を進んでごらん、
危険もないし　苦労もない。
見つかることは保証つき
お祖母ちゃんの店に行けば。

真実の愛がほしい人もいるかな？
生きる助けになってくれる愛を。
理想のタイプそのままの夫を、
すてきな妻を。
店のドアを開ければ　そこに
求める人が待っているよ
北エントランスで曲がって
お祖母ちゃんの店に行けば。

夜道を照らす物を
探してる人もいるかな？
元気の出る物、気の鎮まる物、
すてきだったあの日を　思い起こせる物。
救世主キリストに会いたい人もいるかな、
ほかに何を買えばいいかは
主が示してくださる。
主なら　売り場の第七通路においでになる。
お祖母ちゃんの店に行けば。

お祖母ちゃんの店は　よそとはちがう
魔法の場所なんだ。
ただし　なかなかたどり着けない
理想郷の中にあるからね。
天井から床までぎっしりと
特別な品でいっぱいさ、
しかも　乾電池別売の品など一つもない

お祖母ちゃんの店ではね。

＊メモ

本当に現実がこんなだったら、すてきだと思わないかい？

声なき叫び

寒くて暗い雨の夜、
少女はベッドにもぐりこむ。
頭をよぎっていく思いの
正体もしかとはわからぬままに。
やさしく地を打つ　雨の音に
聞き入りながら　彼女は思う、
今夜の雨は　外に降る代わり
この中で降ってくれればいいのにと。

これまで　幾人もの人に近づいてみた
何と言えばいいのか　わからぬままに。
その目の奥の悲鳴に気づく者はなく
きまって払いのけられるばかり。

ただ　だれかと話したかった、
だれかにすがりたかっただけなのに、
でもみんな
きみは正気じゃないと言うばかり。
だから　それを信じたのだ。

かつては笑っていたころもあった、
そう遠い話でもない。
なのに今は　世界中が敵になって
もうずいぶんになる。
ときどきは　思い出すこともある
こうなる前の毎日を
だが　あまりに何度も痛い目にあううち
口をきくこともなくなった。

心の底では　彼女も知っている
今夜も　自分はおかしくなどないことを。

ゴム張りの独房に放り込まれ
厳重に鍵をかけられて
昔の夢　色あせた夢の
残骸に囲まれて　彼女は生きる、
少女一人の声なき叫びなど
だれも聞こうとはしない世界で。

＊メモ

この詩には、そこらじゅうに自閉症のメッセージがあふれている。たった今まで、自分でも気がついていなかった。これを書いたのは一九八八年。メディケアで働いていたときだった。この職場では狭い仕切りの中で仕事をするようになっていたので、こんな詩を書いていても平気だった。その日はあまり仕事がはかどらなかった。

祈りの詩

この世界をぐるりと見渡せば
人々の目には苦しみが見える。
友人たちの肩を抱けば
愛がふくらむのがわかる。
でも今や　すべては謎となってしまった。
あなたが　こんなに遠く見える。
助けてください
今夜一晩生きのびられるように
あと一日　生きられるように。

教えてください　あなたの中の奥深くに
見えなくなった愛は　どこにあるのか。
あなたの心の鍵をください、

そして　かたわらにいさせてください。
手を貸してほしいのです
ぼくのしてきたことにも
少しはいいこともあったと　思えるように、
心静かに眠りにつき
日の出と共に　起きられるように。

これ以上生きるに値するようなことを
してきたかどうかは　わからない。
なぜこんなところに連れて来られたのかも、
この命の目的もわからない。
覚えているのは　あなたが来るのを
待ちつづけた　夜のこと。
本当ならとうに死んでいたはずのぼくなのに
あなたの力で　生き長らえてきた。

知恵を貸してはもらえませんか

この考えを　この涙を
自分で理解できるように。
それに　前からずっと知りたかったのです
自分がなぜ
これだけよぶんに生き長らえたのか。
だれかがぼくを呼ぶ声がする。
声はどこか遠くから。
だれかがあなたを呼ぶ声がする、
あなたをさがしているらしい。

死はまだこんなに間近にあるのに、
命にしがみつくには
どうすればいいのだろう。
そこの引き出しにはぼくを近づけないで
刃物がしまってある引き出しには。
毒の入っている壜には
気づかぬよう　目をそらさせて。
あなたが微笑めば　気をとられるから、
また　その温もりを感じさせて。

手を貸してください
まわりには　善きものなど一つもないときも
ぼくの目が善を見つけられるよう、
あの日のような　寂しい夜にも
ぼくの心が　あなたの炎を思い出せるよう。
請け合ってください、ぼくが何をしようと
あなたの愛に　かわりはないと、
たとえ　ぼくが今夜死んでも
あなたの元へ　たどり着けると。

＊メモ

この詩の着想の元は二つ。一つはエイミー・グラントの『My Father's Eyes』、もう一つはぼくがずっと昔に書いた詩で、墓碑銘の下書きという連作物だった。その連作を書いたときも、これを書いたときも、書くことに専念して頭をいっぱいにしようというのが狙いだった。創作に気を取られていれば、自殺したい気分を追いだせると思ったからだ。どうやら効果はあったらしい。ぼくはまだ生きている。

雨と混じる涙

娘は闇の中に座っている。
だれか
わたしの人と呼べる人を待ちながら。
記憶はちらちらと点滅して
寂しかった　過ぎた日々が　よみがえる。
娘は立ち上がる
こんなところにはさよならするために、
今夜目にしたものなど
いったい何だったというのだろう?
目からは涙がこぼれ落ちる
一人で街を歩く間も。
男は夜にむかって語りかける。

だれか
ぼくの人と呼べる人を待ちながら。
記憶はちらちらと点滅して
寂しかった　過ぎた日々が　よみがえる。
何かがおかしいと　わかってはいる、
今夜目にしたものなど
いったい何だったというのだろう？
行き先は自分でもわからない
一人で街を歩く間も。

すれちがう人々から見れば、
男は目立たぬただの人。
人々は手をつないで通りすぎ
彼の痛みになど　気づきはしない。
娘の姿は　だれもが見ている、
みんな立ち止まって　じろじろ見る。
人々が見物する中　彼女の涙は
雨のしずくと　そっと混じり合う。

娘は橋にむかって歩く。
すべてを終わらせたい
いけないこととはわかっているが、
でも　どうにも止められない。
とにかく　そうとしか言いようがない。
水は勢いよく流れていく
わかってる
わたしは落ちてゆきたい
どこかで聞いた歌みたいに
そのとき　水に棲む獣たちが目に映り
娘は　彼らにほほえみかける。

男は橋へむかって歩く。
わけがわからないし
いけないことだとわかってもいるが、

でも　どうにも止められない。
どうせ　みんなは何とも思いはしない。
水は勢いよく流れていく
わかっている
ぼくは落ちてゆきたい
何かの歌と同じさ
そのとき　娘が目に映る
なぜ　この娘はここにいるのだろう?

二人はすれちがう。
男は目立たぬただの人、
娘もありきたりの　ただの人
どこにでもいる通行人。
男は　なにも言わず
通りすぎたものの　ゆっくりとふり返る
涙の音が聞こえたのだ
涙が雨のしずくと　そっと混じり合う音が。

娘は男の目をのぞき込む。
見たいもののすべてがそこにある。
どういうことかわからないながらも、
どうにか笑顔を作ることはできた。
彼女にもだんだんわかってくる
わたしは今
ずっと忘れてた歓喜を
取り戻そうとしているんだわ
どういうことかわからないながらも、
もうしばらくは続きそう。

男は娘の目をのぞき込む。
この娘にいったい何があったんだろうと思う。
そして　どうにか笑顔を作ってみる
これでいいのかどうかわからないなりに。
彼にもだんだんわかってくる

今の気分は本当はそうひどくはないはずだと。
男は娘の肩を抱き、
二人はまた　笑顔になる。

行きちがう人々はただ通りすぎる。
男は目立たぬただの人。
娘もありきたりのただの人、
でも今は　不平など感じない。
何もかもがだいじょうぶ。
夜の音に耳をかたむければ、
聞こえるだろう　二人の声、二人の音楽が
雨のしずくと　そっとまじり合うのが。

石の心

お前は安心をさがしている
友はみな　お前を見捨て
絆は　結ばれないように思えるとき
安心などおいそれとは見つからないもの。
ほどなくお前は一人で歩きだす、
だれにも求められず　道連れもなく。
すると　かつては愛で満たされていた心も
石の心に姿を変える。

こうして　楽ではない人生を切り拓くうち
もはや　なにも気にならなくなってくる、
子どもたちに手を上げようとも

妻をどなりつけようとも。
心は　痛みに奥深くまで焼き尽くされ、
お前は気づく　自分が放りこまれたのは
残忍で　情け容赦のない世界だったのだと
そのときお前は自らの
石の心と出会ったのだ。

だがわたしはお前を愛そう、
だからわたしの元へおいで
その石の心も　持っておいで。
お前の中に　わたしの世界を築こう
これでお前も　二度と一人にはならないはず。
わかっているよ　お前は力もなく　荷は重い
だからわたしは留まり　遊んでいくよ。
そして　二人で見守ろう　お前の石の心が
泥の心へと姿を変えるさまを。

お前の苦しみを　どこか深いところで感じる
よ
お前が　泣きたくてたまらないとき。
結婚生活はじわじわと崩れていき
お前の空に　雲が湧いてくるとき。
かつてお前が愛した人たちも
もはや　そばにはいない。
だからお前は　一人で孤独と闘おうとする、
そして　孤独に蝕まれていく。

お前はこの世からの逃げ道を探す、
すべてはごまかしじゃないかと思えるから。
だれもが　自分を狙っているとも思い
みんなは自分のことなど
どうでもいいんだなとも思うから。
お前の娘の目にも　痛みが見えるね
娘はお前にむかって言う、

「パパ、パパのことは好きだけど、
そういう触りかたはやめて」と。

それでもお前を愛している
だからこちらへおいで
その石の心も持っておいで。
ずっとお前と共にいるよ、
二度と一人になることはないのだよ。
わたしはほかのみんなとはちがう、
わたしの愛は　本物なのだ。
わたしにはわかる　お前の目も開くさ
その石の心が治りはじめたなら。

子どもたちはお前をわかってはくれない、
みんな　玩具で遊ぶだけ
それに　家に友だちを連れてくる
みんな　ひどくやかましい。

お前の頭は痛みだす。
墓に埋めてやりたいところだが、
そこは我慢して　ただ打ちすえて
部屋に閉じ込めるだけ。

昔はもっと楽だったのに、
子どもたちが小さかったころは。
だが時とともに子どもは大きくなり
神経も前より過敏になった。
病院でのあの日を思い出す、
床にへたり込んで泣いた日を。
玉のような娘だったが、
ついに一度も息をしなかった。

それでもお前を愛している
だからこちらへおいで
その石の心も持っておいで。

ずっとお前と共にいるよ、
二度と一人になることはないのだよ。
わたしの世界へ連れて行こう
美しいところだ　お前にもまだわかるだろう。
その石の心を解き放ってやろう、
お前もついに自由になれるのだ。

外へ出て郵便受けを見れば
死ぬかと思う痛みが襲う。
お前に手紙をくれる者などいない、
請求書は払えない。
人生は不公平
だから仕返ししてやりたくて
請求書を破り捨ててみる、
でもかえってつらくなるばかり。
妻になぐさめてもらおうと思ったが、
彼女は最後の意地を見せた。
妻は剃刀を手に
草の中に横たわっていた。
お前は何もできず　ただ立ち尽くし
妻の赤い血が体を離れ
土に吸いこまれていくのを
見つめるだけだった。

それでもお前を愛している
だからこちらへおいで
その石の心も持っておいで。
お前の気持ちはわかっている、
もはや一人になることはない。
わたしの部屋に来るがいい
教えてあげよう　わたしなら
静かな心をあげられる
涙も消してやれる　そのわけを。

わたしにはわかるよ　裏通りばかりの人生で、
妻にも子どもたちにも死に別れ
痛みを内に抱えこんでいれば
どんな感じがするものか。
わたしにはわかるよ　これほどまでに
ひとりだと感じるのが　どんなことか、
わたしもつらいのだ　お前がじわじわと
石の心に　負けていったことを思うと。

これまで何ひとつ　まともには運ばなかった、
世界はもう　やさしくしてはくれない。
だがお前の命は　お前のものではない、
わたしが代償を払い、買ったもの。
短すぎるほどの生涯なのに、
なぜそんなにも長く感じるのだ？
わたしは十字架にかけられたとき

自分の命を　お前に与えたのだ。
それでもお前を愛している
だからこちらへおいで
その石の心も持っておいで。
わたしといっしょに　楽園に行くのだ、
決してひとりになることはない。
連れて行こう
お前が夢見てきた場所へ、
そして　ふたりで見守ろう　お前の石の心が
愛の心へと姿を変えるのを。

やあ、ミーガン

やあ、ミーガン、
この世へようこそ。
どんなお嬢さんかと思っていたら
こんなすてきな娘だったとは。
すばらしい　ちょうど眠っているんだね、
そのうち君も知るだろう
夢見ることで手にできる
数々の秘密の宝のことを。

夢はしっかりつかんで　放すんじゃないよ、
夢で知ったことを　手放すんじゃないよ、
でも忘れちゃいけない
鍵を握っているお方のことを。

君の命の鍵、
君の誕生の鍵、
私たちの愛の鍵、
そして地球へ続く鍵。

探ってごらん　自分の中を奥深く、
かの方の鍵こそ　君の目的地。
旅してごらん　魂の中
地図のない　部屋や廊下を
目ざす鍵はどこかにあって
人知れず仕事をしているから
悲しいときを明るく照らし
君の心を解き放っているのだから。

気をつけてお行き　この世の中は
いろんなことがあるだろうから、
用心していなかったら

粉々に砕けてしまうだろう。
でも　こわがることはない、
君は　最後には勝てるのだから。
この世界にはただ
愛を見せてやればいいんだよ、
そして　ただ
友だちになってやればいいんだよ。

新しい世界とは怖いもの、
しばらくはそれもしかたがない。
でも　目をさましてもだいじょうぶ、
挨拶をして、微笑めばいい。
この世は　がらくたでいっぱいの世界、
愛はもっともっと必要なんだ
君を愛しているよ、ミーガン、
だから　ぼくに笑いかけておくれ。

付記
これは、姪のミーガンが生まれてわずか四時間後に書いた。ぼくたちの家系では、女の子が生まれるのは二〇年ぶりのことだった（ひどく悲しい例外一回を除けば）。ミーガンはとてもすてきな女の子だ。

墓碑銘の下書き　一

春には花が咲くのも見た
でも今は春じゃない
まわりは暗く、
ぼくの目は閉ざされている
記憶は死んだ、愛と同じに
両腕は肺の上で組まれ
終わりがくるまで
最後に見たものは
愛していた少女
最後に触れたのは
彼女の涙が
ぼくの手に落ちる感触
最後に聞いたのは
彼女の泣く声
ただそれだけだ　ぼくがこれから
終わりがくるまでに
見、触れ、聞くものは
心は沈みこむ
愛と同じに
心は雨降り
終わりがくるまで
ぼくはもういない
ぼくは退席した
ぼくは逃亡した
もしかしたら今も逃げてるのかも
人生から逃げて　逃げて
終わりがくるまで
おわりが
そして
はじまりが

墓碑銘の下書き　二

だいじょうぶだよと君は言う
誰でもみんな疑いを持つんだからと
でもそれって何のこと
話が見えないよ
今日は雨が
とてもはげしかった
信じる心も流されてしまった
憂うつがぼくを
がっちりつかまえて放さない
恐ろしい感覚だよ
こうなってしまうと
痛みのあまり
眠くなる

ぼくは本当に
死ぬんだろうか
もしかしたら
死にたいのかも
どんな感じだろう
とても静かで
とても穏やかで
穏やかで
そして　寂しくて
永遠に闇の中
永遠に炎の中
永遠に泣きつづけ
涙は流れず
永遠に
永遠に
永い、永い間

とほうに暮れて
方角もわからず
行くあてもなく
もしかしたら死ぬって本当は
そうひどいことでもないのかも
だって
もしかしたら平穏かも
もしかしたら炎だってないかも
もしかしたら光の中かも

ちがう、ちがうよ
死は暗いんだ
ぼくは暗さを感じてる
暗くて　憂うつで
ほんとに　ひどく　憂うつで
それに　わかってる

もう遅いんだ
何をするにも
ぼくはただの
一人の人間
ぼくがいなくなっても
だれひとり
寂しがりはしない
おやすみ
残酷な世界よ
ぼくは
ね
む
り
に
お
ち
る

墓碑銘の下書き　三

ぼくはいつまで
逃げ続けなくてはならないのだろう
なんだかまるで
ずっと逃げてるみたいだ
君から逃げて
ぼくからも逃げて
愛する人たちからも
逃げて
もううんざりだ
逃げるのには
でもほかに
どうしようもない
だって夢は

決まって消えていくし
ぼくの行く道は
決まって曲がりくねってる
夢は消えていく
忘却の彼方へ
曲がりくねった道は
正気を失いそうに渋滞した
高速道路へと続き
むき出しの虚無と
握手させられるだけ
それにぼくはこれまで
おおぜいの人と知り合い
友だちにもなった
去った人もいれば
残った人もいて
中には永遠に
残る人もいる

その人たちといっしょに
いろいろ夢も描いたっけ
まばゆい夢
後世に残る夢
愛の夢

そして　こうした夢の数々が
幻みたいに
色あせはじめたとき
ぼくは知ってた
やりようによっては
歌の一つか二つで　盛り上げてやれば
寿命を延ばすこともできるかもって
でも場合によっては
その歌が裏目に出て
味も素っ気もないここ数年に
追いつかれて

現在まで飲み込まれかねない

ぼくにとっては
自分の過去以上に
手ごわい敵はいないから
そして　過去と戦うには
ことば以上に
強力な
武器はないから
ぼくのイカレた頭から
こぼれ落ちることばたち
混乱した者　怯える者たちの
底知れぬ魂の深みへむかうことばたちだ
ぼくの過去の影法師は
音もなく忍び寄り
ぼくをつけ回し
容赦なく

呪いつづける
ぼくは無為な日々とはいえ
何とか生きのびているのに
でもぼくは逃走中に
刑期を勤めたはずじゃないのか
追放されて生きた年月は
あまりにも長かった
避難民としての年月は
あまりにも長かった

わかってるよ　そのうち改めて
過去と向き合う日もくるだろう
でも今回は
目には色
魂には歌
そして　その日がきたならば
ぼくは改めて

曲がりくねった
不浄の道を横切るとも
そして　かつて自分が
置き去りにした　人々に
きちんと挨拶をするとも
そして立ち止まって見つめるさ
色もなく移り変わる色たちを
たとえそれらと
抱き合うことになろうとも

母なる知恵の神さまが
最も貴重な教訓を
ぼくに教えてくださるまでに
二〇年も
かかってしまったことでもあるし
今さら期待はするものか
自分に与えられるはずのないものなど……

＊メモ

ぼくの言いたいことはこの最後の七行で言い尽くされてしまった。これ以上ぴったりくる表現は思いつかない。だから、墓碑銘の下書きにその四はない。これで打ち止めというわけ。

見えない子ども

人生は夢だと
言う人もいる。
あまりにシュールで
少しも見かけによらないと。
けれど　夢は錯視にすぎない
目には見えるけど　本当ではない、
でも　人々の身に起きることが
錯視なんかであるはずがない。
そう　わかっていながら　もう少しで
夢かと思いそうになる　こともある。
だってこんなにすばらしいものが
今　私の世界に在るなんて。
あなたは今や　私の一部

私の人生はあなたに導かれる
あなたは私の息子、私の娘、
私の中の子ども。

人生は罪だと
言う人もいる。
われわれは土から生まれたとおり
土に返って終わるのだと。
誰が助かり、誰が死ぬかは
はじめから決まっていて
われわれには　理由をたずねる資格さえ
ないのだと言う　人もいる。
それでもなお　あなたに与えられた命は
あなただけのもの。
あなたは自分の裁量で
自由に選択できるのよ。
でも　もしもあなたがいてほしいなら

私はついているわ
あなたが泣いたときに
抱きしめてあげられるように
私の心臓のすぐ近くに
抱き寄せてあげるわ
小さな　私の中の子ども。

どこかに救い主がおられると
言う人々もいる。
かと思えば　主はここでしょうかと
たずねながら　さがし歩く人々もいる。
どちらでもない人たちはといえば
私たちの気持ちを　知ることさえできない。
イエスも仏陀もその他もろもろも
現実ではないのだと言うばかり……
でも　君がいることを思うだけで
私の信仰は

小さな種から
たくましく育つに十分よ。
君こそは　天から遣わされた贈り物
かつては天の住人だったあなた。
あなたは私の小さな天使。
あなたは私の中の子ども。

私ではとても続かない
そう言う人たちもいる。
あなたとやっていくなんて
ストレスが多すぎてむりだって
私の心は暗く曇り
瞳は悲しい雨を降らすだろうって
私は髪の毛をひきむしるだろう
あなたにきりきりまいするだろうって。
でも私にはわからない
みんな何を案じているの？

だってこの世に　母の愛ほど
強いものなど　あるかしら。
だから心配しないで、私の子よ、
もう成り行きにまかせるから。
私はいつまでもあなたを愛すわ
私の中の小さな子。

＊メモ
これはグウェンドリンのために書いた。最初の妊娠の知らせを聞いたときのことだ。これを書いた理由は簡単。彼女が大好きだから。

ぼくは泣く

ぼくは泣く　闇の中で。
どうしてあなたには聞こえないの？
声がかすかで　届かないの？
ぼくは合図を見のがしてしまった
ただ　あなたにそばにいてほしいんだ
涙の静かな痛みをやわらげたくて。

ぼくは泣く　光の中で
どうしてぼくが見えないの？
陽の光がまぶしくて　目がくらんでいるの？
もう疲れて　戦えない。
ぼくはもうぼくでいたくない、
正気を失いゆく男でなんかいたくない。

ぼくは泣く　たったひとりで。
どうして近くに来てくれないの？
今日は何をしくじったの？
そっとやさしくきいたのに、
やっぱりぼくが怖いんだね。
近よらない方がいいって思うんだね。

ぼくは泣く　あなたに抱かれて。
どうしてぼくを感じないの？
あなたに届くには　何をすればいいの？
昔は魔法で　たちまち治してくれたのに
あの力はどこへ行ってしまったの？
お願いだ、もっとしっかり抱き寄せて！

ぼくは夜に泣く　そっと静かに。
どうして抱いてくれないの？

あのころ見せてくれた愛は　どこへ行ったの？
こんなことになるのなら
せめて　教えてくれてもよかったのに
今夜はひとりでがまんしなさいねって。

ぼくは昼に泣く
どうして呼んでくれないの？
そんなに怒らせるなんて　ぼくは何をしたの？
きっと　今日のあなたは
ぼくを思い出しもしないんだろう。
それを思うと　ますます悲しくなるばかり。

ぼくは泣く　涙も流さずに。
どうして涙も　わいてこないの？
どうして顔を　伝い落ちないの？

涙とは　長年のつき合いだったけど
向こうはぼくなど　どうでもよかったんだろう。
もう駆けっこには飽きて
ぼくの顔などいらないんだろう。

ぼくは泣く　愛がほしくて。
ぼくの書類は紛失してしまったの？
ぼくが罪を犯したと思っているの？
天上からの助けはないけれど、
それでもまだ　笑うことはできるだろう
あなたがもう一度だけ
抱き寄せてくれたなら。

＊メモ
これを書いたのは、両親の家で自分が主催

したパーティーの最中だった。いったい何があって気分を害していたのかは覚えていないけど、何か気分を害してたのはたしかだ。そのとき、キッチンのコンピュータでは女の子が二人遊んでいたっけ。女の子二人をキッチンに残して、ぼくはリビングで泣きながらこれを書いていた。一人で。

彼らだけのもの

風が吹いていて
犬が吠えている。
雪は漂い、たゆたい、ゆっくりと舞い降りて
幼子を毛布でくるむように
大地を覆っていく。
暖炉には　優しい炎、
猫は眠る
犬の吠え声をものともせずに。
犬はほどなく鳴きやむと
猫のかたわらに身を横たえる。
その夢は彼らだけのもの。
ぼくらはじゃまだてしてはいけないんだ。

*メモ

これを書いた日のことははっきり覚えている。入院中のことだ。このときいた部屋は建物の最上階で、ぼくは雪が落ちていくのを見ていた。外では車が行き交っていて、ああ、あそこはぼくには手の届かない「現実の世界」なんだなって感じに見えた。そのときは補助療法だかの時間で、セラピストがいっしょにいて、詩を書いて提出するよう、しつこく迫られた（まあ、火曜日はそういう日ってことになってたんだからしかたがない）。これが、その成果というわけ。

伝道師の心

テレビをつけて　ニュースを見るんだ、
ただし　見たものについては　考えるな。
憎しみ、破壊、政治的論評、
こんなもの　ぼくのメモリには必要ない。
引き裂かれ　ばらばらになるような気がするのって
実際のところ　そんなにおかしいことなのか?
それともぼくは　歌の才能といっしょに
伝道師の心を　与えられてるってことなのかい?

ぼくらに説明しておくれ、米国政府の犯した
計画殺人のことを。
宇宙空間へ放り出され　永久に捨てられて
だれ一人　気にかけもしない。

みんなは言う　自分の役割を果たせ、
自分の仕事に専念して、肩をすくめて片づけろ。
でもときどき　ぼくの伝道師の心は
とにかく抱きしめて　ということもある。

もううんざりだ　人々が泣く姿には
通りを歩くたび　目に入ってくる。
もううんざりだ　灰色の空には、
世界は寒すぎる　これだけの熱があるくせに！
世界が寒すぎるから、こうして焼け落ちてしまうんだ。
ぼくらはかけらを拾い集め、こうして
人類は何度も　われわれは教訓を学んだと言い、
そのたびに同じことをくり返す。

炎を煽れ

夕べ君が街を歩いているのを見たような気がした。
それは君じゃなかった、ぼくの目の涙だった。
考えてたんだ　どうして君がいなくなったのか
考えてたんだ　ぼくを置いて行くなんてことがなぜできたのか。
今のぼくは　闇の中を歩き　未知に立ち向かう。
今日　ぼくは　すべてを一から始めるんだ。
今夜は泣き疲れるまで泣いて　孤独の領分へと吸いこまれるように眠るだろう
このままでは　君を頭からふり払えないから。

燃えよ、ろうそくよ、燃えてくれ！
記憶よ、炎を煽るんだ。
これはルーレット　今回はぼくらが負ける番だっただけ、
誰のせいにもできないさ。

くやしいことにたいていは
第二のチャンスはもらえない。
そして　目は空をゆく雀を見ていても、
意識は踊る君を見ている。

今じゃぼくは自分の道を行き　君のいないくらしを送る、
でも　日一日ときつくなってくる
君の笑顔には魔法のようなものが隠されていた、
君がいなくて一番悲しいのがそれさ。
君はもういないんだと言う人もいるけど、ぼくの中に君は住んでる
時とかかわりなく　ずっと。
だからお礼を言いたいんだ　君が君でいてくれたことに、
でも何より、ぼくを愛してくれたことに。

＊メモ
これはリサへの贈り物として書いた。彼女の死からきっかり一年後のことだった。

君の歌を、聖なるキャサリンよ

君の歌を歌っておくれ、聖なるキャサリンよ、
ゆっくりと、朗々と。
いくつも続く谷にも　野にも
民草の耳にも届くように。
夜に泣く　子どもたちのために、
みんなが寝入ってからも　泣いているから。
そして　身近に待ち受ける危険に
気づいていないから。

君の歌を歌っておくれ、聖なるキャサリンよ、
君が自分で書いた歌だよ。
歌っておくれ、みんなに聞こえるように
情け深いその歌の　一節ももらさずに。

ハーモニーは乗り物。
砂と潮とが交わるように、
音と音とは混ざり合い
決してぶつかることはない。

君の歌を歌っておくれ、聖なるキャサリンよ、
高台から郷を見下ろして。
歌っておくれ、聞こえぬ者たちにも　見えぬ者たちにも
じきにわかってもらえるだろう。
聞こえぬ者たちは　肌で感じ、
見えぬ者たちは　和して歌う。
愛の力で　すべては正される
かつては　ちぐはぐだったところでも。

君の歌を歌っておくれ、聖なるキャサリンよ、
大河の流れる土地で。
歌っておくれ、人々に伝わるように

君は彼らの味方なのだと。
引き裂かれ　争う双方のために
富める者と　見捨てられた者のために。
そして母たちのために
それにまだ生まれぬ子どもたちのために。

君の歌を歌っておくれ、聖なるキャサリンよ、
蝶たちの舞うのを見てごらん。
歌っておくれ、人々にわかるように
みんなにもまだチャンスがあることが。
わけのわからない力から　逃げられる。
自分の力で飛び去れる。
望んでいる暮らしを　見つけられる、
君の歌に乗っていけば。

君の歌を歌っておくれ、聖なるキャサリンよ、
歌は君の魂の中で燃えているのだから。

歌っておくれ、歳月と　疲弊が
力をふるい始めぬうちに。
取り返しのつかぬことになる前に、
本当は自分たちの心の中に
答えが眠っているとは知らず
人々が散り散りになってしまわぬうちに。

＊メモ
これは姪のキャサリンが生まれたときに書いた。ある意味で「この世へようこそ」というプレゼントみたいなものだ。

おやすみパパ

ゆっくりおやすみパパ、
ぼくのことは心配しないで。
ぼくは平気さ
パパにはわからないだろうけど。
さあ　もう毛布をかぶって
ちゃんと横になってね。
ママは留守だよ、パパ。
ぼくは一人で寝るからね。

ゆっくりおやすみパパ。
パパが割ったお皿のこと？
ちゃんと片づけておいたよ、
パパが寝ているうちに。

ママには　ぼくがやったって言ってある。
気を悪くしないでね。
だって　ママが出て行っちゃうなんて
いやだったんだもの。

ゆっくりおやすみパパ。
壁のへこんだ穴のこと？
パパは転んだんだって言っといたよ、
ひどくぶつけたんだって。
ぼくのおもちゃで　すべったんだ
だから　これも　ぼくのせい。
罪はかぶってあげたよ、
だってパパは友だちだもの。

ゆっくりおやすみパパ、
もう朝も近いよ。
朝にはまた　ぼくを殴れるよ

昨日と同じようにね。
また　派手に泣いてあげるよ、
見た目も楽しめるようにね。
パパ　大好きだよ、だからママには
秘密だよ。

結婚の祈り

主イエスよ
この二人をお導きください
あなたのみもとへ
お導きください　なぜなら二人は
あなたのみ名のもとに　結ばれるのですから
お教えください　二人が
ほかのだれよりも　お互いを
そして　お互いよりも　あなたを
重んじるようにと
お導きください
共にあなたに近づくため
二人が　互いを手助けするようにと
お力をお貸しください　この二人が

幸せな時も　不幸せな時も　愛し合うように
ほかの人々が作り上げた
あなたの姿ではなく
本当のあなたの姿に
目ざめるようにと
二人をお力づけください
わたしはお前たちを愛しているよと
お力づけください
お前たちが
私を愛しているのはわかっているよと
お力づけください
お前たちが
互いを愛しているのはわかっているよと
そして　二人をお導きください
永く　幸せな生涯の
一日一日が
泰平であるように

＊メモ

これはグウェンとマイケルの結婚の日に書いた。どうやら、この祈りは聞き届けられたらしい。

塵の中に失われて

きみにまつわるものといえば　これしかないんだ、
前はもっとあったのにね。
きみが書きとめてくれた　愛のことばも
今は　きみがいないのを　感じさせるだけ。
だれか別の人が　きみを抱きしめてる
一晩じゅう　朝が来るまで。
ああできたかもしれないのに、こうできたかもしれないのに、
そんな思いは　すぐには消えやしない。

やっぱりまだわからないんだよ、
だってきみには良くしてあげたのに。
愛が新しく芽ばえたばかりのあのころは
強く抱きしめてあげたし、強く愛してあげたのに。

でもそのうちに、どうしたことか、新しかった愛も古くなってしまった。
それが起きたのは　ある暗い日のこと。
ぼくの目の奥の涙に　きみは気づいていなかったね
きみが行ってしまったあのとき。

今は　だれか別の人が　きみを笑わせる。
その人へ向ける　きみの愛は深い。
夜がくると　ぼくは一晩泣いて
泣き寝入り。
これからは　別々の道を行くんだね
そして二人とも　それぞれの務めを果たすんだね。
きみは大人になる　その間も　ぼくはひとり　ここに残る
夢は　塵の中に失われて。

これはメラニーと別れてから書いた。箱をいくつか片づけていたら、彼女にもらったラブレターが出てきた。それで、机にむかってこれを書いた。メラニーに見せたことはない。

この道は……

ぼくはゆく
人気のない道を
暑い夏の日
涼しい風が
髪の中を
吹き抜けて。
歩きはじめたぼくははっとする、
子どもがひとり、
仲間たちといっしょに
ぶらんこで遊んでいる。
でもなぜだろう
その子ひとりだけが
どうしてこんなに気にかかる？

ぼくにはわからない、
だから先をいく。

平らだった道が　石だらけになる。
とがった角に
素足を切り裂かれたころ
さっきの子どもをまた見かける、
前より大きくなっているように見えた。
みんなと話しているその子を見たら
自分にも自信がなく
まわりの人々も信じられずにいるようだった。
思わずかけ寄りたくなる
抱きしめて　言い聞かせたくなる
ぼくが愛しているからねと　でも
ぼくの足は　かまわず先へと進んでいく
この道を。

自分の足なのに
思いどおりにならず
ぼくは雨の中へと
連れこまれる。
雨が降りそそぎ
体じゅうをぬらす
草木に　春の陽ざしが
降りそそぐように。
でも降ってくるのは陽ざしじゃない、
雨なんだ。

そして振り向くと　例の子どもがいる
すごい速さで　成長していた
その子は　ぼくの方へ走ってくる。
そして、霧の中、
姿を消した。

ようやく雨がやみ
霧も晴れる。
雨が降りそそいだときと同じように
陽ざしが降りそそぐ。
道は　何度も
長く険しい坂をのぼっては　くだる
件の子どもはそのたびに
坂の下に　坂の上に
現れる、
そのたびに
前より大人になっている。

道が曲がりはじめ
道なりについていくと
その子にまた出会う
わずか数時間のうちに
幼かった子どもが

青年になっている。
ようやく　道も
終点になり
看板の文字は
「人生」。

目が覚めるとそこは
草原で　まわりには
花が咲き、蝶が飛び、
陽がさしている。
そしてぼくは草の中から立ち上がり
家へとむかう……

これを書いたのは施設にいたとき。ある意味で自伝みたいなものだ。

訳者あとがき

「黒いうさぎ」は、「白いうさぎ」と「黒いねこ」のどちらに似ていると思いますか？

体の構造、食べるえさ、走りかた（というより、はねかたですね）などは、白いうさぎに似ているでしょう。でも、芝生の上にうずくまっているのを、走る車の窓から見たときは、黒いねこの方が近いんじゃないでしょうか。

同じ自閉圏の人たちといっても、その見かけの姿はずいぶんいろいろです。そして、そのために、周囲の人々、支援する人々、ときには当人たちさえ混乱をきたすことがあります。たまたま自分に縁のあった身近な自閉児・者（もちろん、自分自身も含みます）と毛色の似ていない自閉児・者がどうしても自閉とはわからなかったり、思えなかったりする人もいるかもしれません。

だから私はこれまで、「こんなにちがっていても、骨格や内臓は同じです」「中身の中身を見てください」と言いつづけてきました。また、「こんなにいろんな毛色の人がいるのです」とも言いつづけてきました。

私が診断を受けたばかりで、自閉ってどういうものなのかまだよく知らなかったころ、理解の手がかりになったのは、私と似たタイプの仲間たちではなく、私とはちがったタイプの仲間たちとの出会いでした。「一見こんなに似ていないのに、芯にはこんな共通点があるんだ！」という発見から、「ということは、ここが核なんだ」という発想でした。見かけの姿が似ていなければ似ていないほど、「それでも共通」の部分があるなら、それこそ本質にちがいないと思ったからです。

でも近ごろは反対に、見かけの似ていない仲間たちの「似ていなさ」をそのまま楽しみたいと思うようになりました。「それでも共通」の部分を探るためじゃなく、毛皮の色をただながめ、愛でていたいという感じです。

自閉の人の書いた文章はいろいろ訳してきた私ですが、やはり自分と近いところのある人の書いたものはわかりやすいところがあります。でもそれだけに、自分と同じ体験をしていたり、同じような体験に同じ反応をしていたりすることが多いため、読んだり、訳したりするのはつらくなってきました。自分が体験していないことなのに、訳したことが自分の記憶みたいになってしまって、怖い記憶や悲しい記憶の蓄積がふえてきたからです。

そんなとき、この本は救いでした。著者と私とが、表面的な部分で似ていないところが多いから楽だったのです。私は暑さに弱いのにこの著者は暑さを好むとか、同じ聴覚過敏でもこの著者は難聴があり、私は聴力もかなり高いとか（そうだ、難聴でも過敏の人がいることを、援助者のみなさんは覚えておいてくださいね！）、この人は接触が好きで性欲はなく、私はその逆（性欲はあるのに接触に耐えられない）だったり、彼は楽器がうまいのに私は歌しか歌えないとか、そういった表面的なことが楽でした。

青年期の境遇・環境も正反対でした。彼は施設という閉鎖的な環境で、自由を奪われた青年期を送り、私は自由すぎてどうしていいかわからない環境で、しかも「無制限の自由は無条件に貴いもの」というタテマエを真に受けて迷走する青年期を送りました。それぞれにそれぞれの苦しさがあり、不幸があるのでしょうが、見かけが似ていないせいか、距離をもって受けとめることができました。

そして何より、大きくなってから診断名を知り、情報を求めて、保護者が中心で運営される支援者の団体と出会うという共通の体験をしているにもかかわらず、その態度、体験の受けとめかたが私とまるでちがっていたことが救いでした。

単に重なり合わないから楽という以上に、「こういう考えかたも〈あり〉だったのか！」という発見があったのです。

この著者は、自分と同じ自閉の子どもたちのお母さん・お父さんたちの質問に答え、簡単な質問だったにもかかわらず、労力以上にありがたがられてとまどうのですが、「舞い上がらず、地に足をつけていくぞ」と自戒するだけで、あとは「まあいいや、よくわからないんだから楽しんじゃえ」と割り切ってしまいます。そして、講演に招かれて、おおぜいの人に丁重にもてなされたりしても、「もらいもののきっぷで旅行して、みんなに仲よくしてもらえて、楽しいことをして帰ってきたのに謝礼までもらっちゃった」で片づけています。私はこういう場面で、「ペテン師みたいで申しわけない」という錯覚にはまりこみ、うつの引き金になりがちなタイプなものですから、ああ、そういうのも〈あり〉なんだなあ、と思えて、ありがたかったです。

もちろん、「のちのちこんなことになると知っていたら、あのときマイラに電話なんかしなかっただろう」というくらいですから、やはりつらいことはたくさんあったと思います。まして、自閉者協会の委員になりたかった人から脅されたり、見るからにかなり大変そうな体験もしておられます。彼の方が私より楽だったとは思いません。ただ、毛色がちがうということは色素がちがうわけで、だから眼の色もちがって、体験のフィルターになるレンズの色がちがうのだろうなあと思いました。同じ種類の苦労に会っても、苦しみかたの毛色がちがったり、苦になるポイントが微妙にずれてたりするのかもしれません。

このごろは日本でも、大人になってから診断される人がぽつぽつ出ています。自分の経験をことばで説明できない子どもたちがよりよい処遇を受けられるよう、保護者や援助者の質問に答える立場を体験する人もふえてくるでしょう。でも、そんな人たちにも、「過去を語る」「質問に答える」というのがどういう体験なのかを考えるヒントは必要ですし、同じ立場を体験した人の実例を見ておくのは助かることだと思います。その意味で、この本は、「子どもの保護者・援助者が主流の団体とつき合う当事者」のために役にたつのではないでしょうか。

そう考えて手がけた本書でしたが、訳者としての私にとって、発達障害の当事者の書いたもので、これほど苦痛少なく訳せた文章はありませんでした。「もう当事者の手記は訳せなくなってしまったんじゃないか」と一度は思っていましたが、またとないリハビリになった気がします。

そして今、訳者としてというより、一当事者としての私は、毛色の「似てなさ」そのものにちょっと関心があります。核の部分、キモの部分は（大事だけど）もういいから、「毛皮のもようのバラエティって、どうやってできるんだろう」って思うのです。困ったときに怒ってしまう人と、泣いてしまう人、ふざけてしまう人。「ことばで自分を表せない」は共通なのに、「ことばが話せない人」と「自分と関係ないことばがべらべらと出てしまう人」。他人の親切（たとえ内容的にはありがためいわくであっても）にリアルタイムで気がつく人、時間差で気がつく人、気がつかない人。労力以上にありがたがられたときに、「舞い上がらないよう気をつけよう」だけですませられる人と「もったいない」「舞い上がってるにちがいない」と思いこんで落ちこむ人。パチンコの釘みたいにいろんな要因が重なって、無数の分かれ道ができるんでしょうか。

とはいえ、お互い「似てない人」だけに、どうしてもこだわりがぶつかり合い、はた目にはささいなことが「許せない！」と感じられることもあります。

たとえばこの本の著者は、電話の音声が苦痛で、音声を加工する機械を自作したくらいだというのに、どういうわけか電話が好きなようです。何なんでしょう？　それも、「手紙をくれた人にはかならず電話をする」っていうんですよ。突然リビングの電話が鳴ったんじゃたまったものではありませんから、私はこの作者にはどんなに大事な用事があっても、うっかり手紙は書かないよう、厳に厳に気をつけたいと思います。もう知ってる人で、お酒を飲んでないときであれば、リビングの電話じゃなく、携帯にならかけてくださってかまわないんですが。

そして、全国推定一二八万人の白くまファンの一人として何よりも許せないのは、白くままでをふくめて白いクマをまとめて否定していらっしゃることです。実用的観点から白いクマがいけないという立場はわからないでもありませんが、白くまは白いのが当然であって、白くまは白いクマというカテゴリーにふくめるべきではないはずです。

もっと言ってしまえば、この著者は「洗濯機で丸洗いができて、タンブラー乾燥も可能なクマを選べ」と主張しているのですから、汚れが目立つから白いクマがだめという論拠そのものがあやしくなるではありませんか。簡単に洗濯できるクマなら、白くても問題ないはずです。薄汚れたクマなんて、だれが抱きたがると思うかと著者は疑問を投げかけますが、答えは私です。洗濯ずみで清潔でさえあれば、薄汚れていても私は気になりません。まして私なら、くまの耳は噛むことには使いませんからなおさらです。

クマに関してはもう一点。毛皮のないクマはいけないとはどういうことでしょう？　私なら、毛足のあるぬいぐるみより、Tシャツやスウェットのようなメリヤス地のぬいぐるみの方が頬ずりしたさポイントが高いです。ブロードやサテンでも、ボアよりはポイントが高いです。

このとおり、激しく苦情を申し立てたい点はたくさんあったのですが、うっかり手紙を書くと電話が来てしまってはこまるのでがまんしました。幸い、もともと重度の筆無精なので、がまんするのはそれほど苦にはならなくてよかったです。

でも、著者と私に共通する点もひとつありました。詩が好きなこと。作風がちがい、テーマもちがって、内容が苦にならなかったこともあり、彼の詩を訳せたのは本当に大きな喜びでした。

だから、クマの件くらいは目をつぶろうかなと思います。

二〇〇二年九月

ぼくとクマと自閉症の仲間たち

2003年11月7日　第一刷発行

著者：トーマス・マッキーン

訳者：ニキ・リンコ

装丁：土屋 光 (Perfect Vacuum)

発行人：浅見淳子

発行所：株式会社　花風社
〒106-0044　東京都港区東麻布3-7-1-2階
Tel：03-6230-2808　Fax：03-6230-2858
URL：http://www.kafusha.com　E-mail：mail@kafusha.com

印刷・製本：新灯印刷株式会社

ISBN4-907725-56-6